인생리더

역사 속에서 리더를 만나다

▶ 일러두기 ◀

01 등장하는 미술 작품은 제목명, 작가명, 연대, 소장처 순으로 표기했으며 유적의 경우 현재의 소재지를 표기했습니다.

02 본문에 등장하는 자료는 ≪도서명≫, 〈영화, 드라마〉로 표기했습니다.

03 외국인의 인명, 지명은 국립국어원 어문 규정의 외래어 표기법을 따랐습니다. 다만 고전에서 사용되었거나, 관용적으로 굳어진 경우에는 예외를 두었습니다.

04 사용된 이미지는 모두 출처를 밝혔으며, 출처가 표기되지 않은 이미지는 저자가 직접 촬영한 이미지입니다.

인생리더
역사 속에서 리더를 만나다

발 행 일	2019년 5월 9일 초판 1쇄
지 은 이	강관수
발 행 인	이동선
편 집	노지호, 이지은, 박우현
마 케 팅	김정화
디 자 인	유노스튜디오
일 러 스 트	이태훈
발 행 처	한국표준협회미디어
출 판 등 록	2004년 12월 23일(제2009-26호)
주 소	서울특별시 금천구 가산디지털1로 145, 에이스하이엔드 3차 1107호
전 화	02-2624-0361
팩 스	02-2624-0369
홈 페 이 지	www.ksamedia.co.kr

ISBN 979-11-6010-031-0   03300

값 17,000원

LIFE

역사 속에서 리더를 만나다

인생리더

| 강관수 지음 |

LEADER

KSAM

머리말

세상만물에서 묻고 배우는 사람을 현자賢者라 했다. 그리고 이 현자들이 가장 많이 묻고 배우는 대상이 역사歷史라고 한다. 고려와 조선의 왕들은 훌륭한 임금이 되기 위해 어릴 적부터 제왕학帝王學을 배우는데 그 중 ≪정관정요貞觀政要≫는 빼놓을 수 없는 핵심 과목이었다.

≪정관정요≫는 당태종唐太宗 이세민李世民이 위징魏徵을 비롯한 신료들과 주고 받았던 정치 문답을 오긍吳兢이 정리해서 엮은 것으로 군왕 치도治道의 근본으로 평가받는 책이다. 위징은 본래 이세민의 형 이건성李建成의 측근이었으나 이세민이 황제가 된 후 그의 학식과 인품에 반해서 재상으로 중용했던 인물이다. 위징이 죽은 후 이세민은 '구리로 거울을 만들면 의관을 살필 수 있고, 옛날을 거울로 삼으면 흥망을 살필 수 있으며, 사람으로 거울을 삼으면 허물을 살필 수 있다. 이제 위징이 죽었으니 나의 거울 하나가 사라져 버렸다'라며 애석해 했다고 한다.

여기서 옛날을 거울로 삼으면 흥망을 살필 수 있다는 이세민의 말은 곧 현실이 어렵고 수상하면 역사로 돌아가라는 뜻이다. 역사는 지나간 과거의 살아있는 기록임과 동시에 내일을 비춰주는 거울이기 때문이다.

문명이 나날이 발달한다고 해서 문화 역시 그에 걸맞게 발전한다고 할수는 없다. 오히려 문명이 발달할수록 문화에 대한 갈증은 커지고 있다. 스마트폰을 두 개씩 들고 다녀도 소통이 잘 되는지는 알 수 없는 것처럼 과학이 발달할수록 편리해지기는 하지만 이것이 곧 행복해지는 것을 의미하지는 않는다. 마찬가지로 주위를 둘러보면 리더십과 자기관리, 그리고 소통과 인재 육성에 관련된 수많은 서적과 교육이 홍수를 이루고 있지만 정작 우리가 따르고 존경할 만한 인물을 찾기는 쉽지 않다.

동양東洋, 특히 우리나라는 예로부터 유교·도교의 영향을 많이 받아왔기 때문에 리더십에 대해서도 구체적이고 기법적인 접근보다는 은근하고 근본적인 내용들을 많이 강조해왔다. 그래서 리더로서의 덕목으로 소통 역시 인성과 품성, 그리고 도덕성을 중요하게 여긴다. 이러한 동양적 인격체, 즉 동양적 리더는 예로부터 직선直線이 아닌 원圓의 사고방식을 지녀왔다.

원의 사고방식은 세상을 자연과 우주에 연결시켜 생각하며, 인간관계는 항상 인과관계因果關係에 근본을 두기 때문에 넘치거나 부족함이 없다. 또한 이러한 원의 사고방식은 엄격한 자기 관리와 모범을 바탕으로 타인을 계도하는 수신修身 리더십을 발달시켜 왔다. 그래서 우리는 예로부터 인仁과 의義가 동반되지 않은 리더는 인정하지 않았으며 공자 역시 도덕성이 결여된 탐관오리貪官汚吏가 호랑이보다 무섭다고 얘기했던 것이다.

옛날의 왕들은 나라를 이끄는 최고의 리더로서 하늘의 뜻과 인간의 삶이 조화를 이루는 세상, 즉 인덕仁德과 의리義理의 세상을 만드는 것이 목표였다. 그래서 중국에서는 이 조화로운 세상의 이상형이 강태공姜太公과 더불어 주周나라를 건국하고 춘추전국시대를 열었던 주문왕周文王 시대라고 여겨왔고 이 시대로 되돌아가는 것을 예로부터 중화中華라고 했다.

연꽃이 아름다운 이유는 꽃에 있는 것이 아니라 진흙 속의 뿌리에 있다고 했다. 역사의 뛰어난 리더들은 보이지 않는 뿌리인 인덕仁德과 의리義理를 훌륭한 리더십의 근본으로 수학修學했다. 수백 년 후 우리 후손들 역시 변하지 않을 이 근본 요소들로 리더십 교육을 받을 것이다. 이 책은 필자가 역사 인문 리더십 강의 때 자주 소개하는 리더의 조건과 요소를 열여덟 테마의 인물과 사례로 선별해서 정리한 것이다. 1장 '역사가 들려주는 리더의 조건'에서는 역사와 위인을 접하는 사람들을 위해 기본적으로 알아야 할 고대 역사에 대해 간략하게 서술했으며, 2장에서는 매미를 통해 배울 수 있는 훌륭한 임금의 첫 번째 덕목인 수신修身 리더십을 설명했다. 아울러 리더의 조건인 품성과 역량을 공자, 세종, 영조, 정조, 이순신을 통해 제시했다. 그리고 중국과 일본의 역사적 인물들에게 배울 수 있는 조직관리와 용인술에 대해 정리했으며 마지막으로 조선의 군왕들 중 환란을 초래했던 선조와 인조에 대한 반면교사反面教師 리더십을 통해 교훈을 삼고자 했다. 또한 리더십과는 별개로 알아두면 도움이 될 역사 상식 열여덟 테마를 소개하여 독자들의 역사적 눈높이를 높이고자 했다.

여기서 소개되는 사진과 그림, 그리고 제반 자료들은 모두 저작권 승인을 마친 자료들이며 그 출처 또한 명확히 표기했다. 출처가 표기되지 않은 사진은 필자가 직접 찍은 사진들이며, 자료가 존재하지 않거나 출처가 불명확한 인물화, 그리고 사실을 요하는 지도 등은 고증을 거쳐 그림으로 다시 그려 독자들의 이해도를 높였다. 그리고 우리 역사의 왕이나 위인들의 초상화는 정확한 역사적 근거와 가치를 가지고 있는 그림 자료들만 소개했다. 반면 세종, 정조, 이순신 등 훌륭한 리더임에도 불구하고 후대 화가들의 상상과 추측으로 그려진 인물화는 역사적 혼돈을 막기 위해 이 책에 싣지 않았다.

이 책의 완성을 위해 많은 분들의 도움이 있었다. 무엇보다도 이 책이 세상에 나올 수 있게 도와주신 한국표준협회미디어 이동선 대표님과 실무진에 깊은 감사를 드린다. 그리고 문화재청 담당자분들과 종묘, 창덕궁, 왕릉 관리소 관계자분들, 그리고 간송미술관과 삼성미술관 리움에도 감사의 마음을 전한다. 아울러 직접 찍은 중국의 유적 사진들을 제공해 주신 문상현 중국 쓰촨성四川省 서남민족대학교 교수와 건원릉 사진을 제공해 주신 신동화 경기도 구리시의원께도 이 자리를 빌려 고마운 마음을 전하고 싶다.

지나간 과거가 햇빛을 받으면 역사歷史가 되고 달빛을 받으면 야사野史가 된다고 했다. 이제부터 햇빛과 달빛을 모두 받은 역사 속의 인물과 문화의 향기를 찾아 짧은 여행을 떠나고자 한다.

2019년 5월

강 관 수

차례
Contents

제 1 장

역사가 들려주는 리더의 조건

중국 역사에서 가장 자주 등장하며 강조되는 중화사상(中華思想)이 바로 주문왕과 주공 단의 시대로 돌아가서 예(禮)와 인(仁)의 도리를 되찾는다는 의미다.

공자는 유학의 복잡한 사상들을 종합하여 정리한 사람이고 그 사상을 최초로 만들어 내고 이론화시킨 사람은 다름 아닌 주문왕(周文王)과 강태공(姜太公), 그리고 주공 단(周公旦)이었다. 하늘에는 하늘을 다스리는 도리가 있고 땅에는 만물을 소생시키는 기운이 있으니 이 도리와 기운을 하늘과 땅 사이에서 조화롭게 하는 것이 바로 사람의 역할이고, 이 역할을 잘 수행하는 사람이 곧 어진 사람이라고 생각했다. 그리고 여기에서 비로소 인(仁)의 사상이 탄생하게 되었다.

1

역사가 들려주는
리더의 조건

　　민족의 영웅 이순신李舜臣의 아버지 이름은 이정李貞
이다. 이정의 부친 이백록李百祿은 중종中宗시절 조광조 밑에서 훈구파에 맞
서 혁신을 주도했던 소장 사림 세력의 일원이었다. 이들은 인간에 의해 다
스려지는 이 세상이 바로 하늘의 뜻이 실현되는 이상세계가 되어야 한다
는 지치주의至治主義를 주장하며 훈구파와 대립했다.

　　그러나 기묘사화로 조광조가 사사賜死되는 바람에 이백록의 집안은 몰
락하고 아들 이정 역시 벼슬과는 거리가 멀어져 집안이 어려웠다. 부인
변씨卞氏와의 사이에서 4남 1녀를 두었던 이정은 아들들이 몰락한 가문을
다시 일으켜 세워주길 바라는 마음에서 네 아들에게 신하 신臣자 돌림으
로 이름을 지어주었다. 그 이름의 의미를 알기 위해서는 고대 중국의 역
사를 알아야 한다.

　　중국 역사는 삼황오제三皇五帝로부터 시작된다. 전설상의 신선들 수인씨
燧人氏, 복희씨伏羲氏, 신농씨神農氏 세 명을 삼황三皇이라 하고 황제헌원, 전욱고

〈황토고원(黃土高原)〉
문상현 서남민족대학교 교수 촬영 및 사진 제공

양, 제곡고신, 요, 순 이렇게 다섯 명을 오제五帝라 하는데, 훗날 진시황이 삼황에서 황皇을, 그리고 오제에서 제帝를 따와서 스스로를 황제皇帝라 칭한 것에서 황제라는 단어가 처음 유래했다.

보이는 것은 누런 흙뿐인 메마른 황토고원에서 황허는 이미 시작되었고, 이 물줄기를 따라서 오천 년 중화 문명이 명멸을 거듭하며 흘러왔다. 옛날의 임금들은 백성들이 먹고 사는 일, 즉 농경農耕과 치수治水에 가장 큰 정성을 들였고, 순임금과 우임금도 황허의 치수를 잘한 덕에 임금이 될 수 있었다. 옛부터 황허黃河, 황하는 단순히 '누런 물'이라는 의미를 넘어 '천하의 땅을 다스리고 적시는 물'로 인식되었으며, 역사는 이 황토黃土와

〈황토고원의 황허(黃河) 물줄기 뽀랑구(波浪谷)〉
문상현 서남민족대학교 교수 촬영 및 사진 제공

황허를 다스리는 사람을 누런 용포의 주인공인 황제皇帝라 불러왔다.

　우리가 흔히 성군의 대명사 내지는 태평성대라고 알고 있는 요순시대堯
舜時代는 여기에서 비롯되었다. 요堯임금은 아들이 아닌 순舜임금에게 보위
를 물려주었고, 순임금도 아들이 아닌 우禹임금에게 보위를 물려주었는
데, 그 이유는 황허의 물 관리治水를 잘하여 백성들이 먹고 사는 데 어려
움이 없게 했기 때문이었다. 하지만 우임금은 아들 계啓에게 물려줘 보위
를 세습하는 왕조가 탄생하게 되었는데, 이것이 중국 역사 최초의 통일왕
국이라 일컫는 하夏나라다.

　이순신의 아버지는 셋째 아들인 순신에게 순舜임금 같은 어진 임금을
모시면서 나라도 세우고 가문도 일으키는 신하臣가 되라는 간절한 마음

으로 순신舜臣이라는 이름을 지어주었다. 장남인 첫째에게는 삼황의 복희씨伏羲氏에서 희羲자를, 둘째에게는 요임금의 요堯자를 그리고 넷째에게는 우임금의 우禹자를 따와서 4형제 이름을 각각 희신羲臣, 요신堯臣, 순신舜臣, 우신禹臣으로 지었다. 그래서 이순신의 자字 또한 순임금이 우임금에서 보위를 물려주면서 했다는 말 '우禹야. 너야말로汝 세상을 평화롭게諧 할 적임자로다'라는 ≪서경書經≫의 구절을 인용하여 너 여汝, 평화로울 해諧를 따서 여해汝諧라고 했던 것이다.

이렇게 기원전 2100년경에 하夏나라가 건국되어 약 500년간 17명의 왕을 배출해 내려오다 주지육림酒池肉林으로 유명한 폭군 걸왕桀王이 미인 말희末姬에 빠져 기원전 1600년경 하나라는 상商나라 탕왕湯王에게 망하게 된다. 상나라는 이후 30명의 임금이 재위하면서 기원전 1100년경까지 약 500여 년을 이어갔다. 이곳 사람들은 장삿술이 뛰어나 그 후 장사를 잘하는 사람을 상나라 사람, 즉 상인商人이라 불렀고 이것이 지금은 장사를 하는 사람을 통칭하는 말이 되었다. 상나라의 마지막 임금인 주왕紂王은 천하미인 달기妲己의 미색에 빠져 나라를 망치게 되는데, 꽃잎을 짜서 얼굴에 바르는 화장법을 처음으로 시도한 사람이 이 달기였다.

기원전 1100년경 문왕文王과 아들 무왕武王은 상나라를 무너뜨리고 주周나라를 건국한다. 그리고 이들은 지난날의 역사를 정리하면서 이전 왕조인 상나라를 당시 주나라에서 부르고 있던 지명을 따서 은殷나라로 고쳐 불렀다. 이후 주나라는 기원전 256년까지 37명의 왕이 재위하며 역사를 이어갔다. 주나라를 건국한 주역은 크게 4명이다. 문왕과 그의 큰아들 무왕, 넷째 아들 주공 단周公旦 그리고 마지막으로 책사 강태공姜太公이 바로 그 주인공들이다.

문왕은 처음에는 상나라의 신하였으나 책사 강태공과 더불어 주나라 건국의 초석을 다진 사람이다. 문왕이 강태공을 처음 만난 곳이 위수淸水의 지류인 반계반磻溪畔이다. 백발이 성성한 일흔 살 노인이 비를 맞으며 미끼가 없는 낚싯대를 드리우고 있는 모습이 범상치 않아 대화를 나누다 마침내 스승으로 모셔오게 된다. 그리고 문왕의 아들 무왕은 아버지의 위업을 이어받아 상나라를 완전히 멸망시키고 주나라를 완성한 인물이다. 또한 당시 무왕이 강태공과 더불어 상나라 폭군 주왕을 공격하려 할 때, 아무리 폭군일지라도 신하가 임금을 거역하는 하극상은 인륜의 도리에 어긋난다며 말고삐를 잡고 말리던 두 사람이 바로 수양산에 들어가서 고사리를 캐먹다 굶어 죽었다는 형제 백이伯夷와 숙제叔齊다.

무왕은 천하를 통일하고 전국에 봉건제를 실시하여 공신과 인척들에게 봉토를 떼어준다. 천자天子인 자신에 대한 예를 지키며 군사적인 반란만 일으키지 않는다면 그들의 자손이 대대로 그 봉토를 다스릴 수 있는 제후의 지위를 인정해 준 것이다. 이에 일등공신 강태공에게는 바다를 끼고 있으며 가장 넓고 비옥한 산둥반도 일대의 봉토를 하사했는데 이곳이 춘추전국시대의 강국 제齊나라다.

그리고 제나라 밑에 있는 조그만 나라, 공자의 고향 곡부 땅을 동생 주공 단에게 떼어주니 이곳이 곧 노魯나라의 시초가 된다. 하지만 주공 단은 형인 무왕 곁에서 도와야 할 중요한 일이 많았기에 아들 백금伯禽을 대신 제후로 보냈다. 백금은 노나라에 부임한지 3년이 지나서야 아버지인 주공에게 처음 보고를 하였다. 주공이 물었다. "무슨 일로 보고가 이렇게

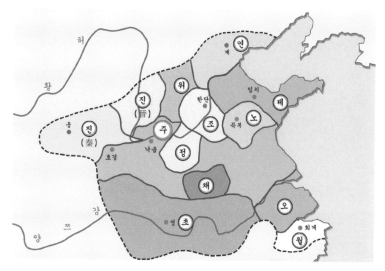

〈주(周)나라와 제후국의 위치〉

늦었단 말이냐?" 그러자 아들 백금이 대답하길 "백성들의 풍속을 정착시키고 예를 바로 잡으며, 상喪이 나면 삼년상을 치르도록 했기 때문에 늦었습니다"라고 했다. 주공은 두 눈을 감고 말없이 아들의 보고를 들었다.

한편 제나라에 봉해진 강태공은 불과 5개월 만에 주공에게 보고를 했다. 주공은 "어떻게 이렇게 빨리 보고를 할 수 있었는가"라고 물었다. 그러자 강태공은 "군신의 예를 간략히 하고, 그들의 풍속에 따라 정치를 새롭게 정리했기 때문입니다"라고 말했다. 이 말을 들은 주공이 "안타깝도다. 노나라는 훗날 제나라의 속국이 될 것이다. 예로부터 정치가 간단하고 쉽지 않으면 백성들이 편할 수가 없고, 정치가 쉽고 편하면 백성들이 친근해지고 쉽게 따르게 되니 훗날 제나라의 정치는 만백성을 이끌 것이다"라며 탄식했다는 얘기는 백성을 이끄는 군왕의 기본적인 마음가짐에 대해 교훈을 주는 일화로 유명하다.

이처럼 주나라의 건국에 지대한 공헌을 했던 주공은 형님 무왕이 죽고 무왕의 어린 아들인 성왕이 보위에 오르자 조카를 곁에서 보좌하며 정치의 틀을 세워 나갔다. 주변에서는 시기와 의심의 눈초리로 주공을 오해하기도 했지만 주공은 어린 성왕成王이 어른이 되면 모든 통치권을 조카에게 넘겨주고 물러나겠다는 약속을 하며 의연하게 정무를 살폈다. 중국 역사에서 가장 자주 등장하며 강조되는 중화사상中華思想이 바로 주문왕과 주공 단의 시대로 돌아가서 예禮와 인仁의 도리를 되찾는다는 의미다.

훗날 맹자가 말하길, '공자는 유학儒學을 집대성集大成한 분'이라고 했듯이 유학의 시조始祖는 공자가 아니라는 생각이 일반적이다. 공자는 유학의 복잡한 사상들을 종합하여 정리한 사람이고 그 사상을 최초로 만들어내고 이론화시킨 사람은 다름 아닌 주문왕周文王과 강태공姜太公 그리고 주공 단周公旦이었다.

그들의 생각은 간단했다. 하늘에는 하늘을 다스리는 도리가 있고(一), 땅에는 만물을 소생시키는 기운이 있으니(一), 이 도리와 기운을 하늘과 땅 사이에서 조화롭게 하는 것이 바로 사람의 역할(亻)이고, 이 역할을 잘 수행하는 사람이 곧 어진 사람이라고 생각했다. 그리고 여기에서 비로소 인(仁)의 사상이 탄생하게 되었다.

특히 주문왕과 아들 주공 단은 태극의 기본 사상인 팔괘의 효爻[건乾:하늘, 곤坤:땅, 감坎:물, 리離:불, 손巽:바람, 진震:번개, 간艮:산, 태兌:못]를 창안하여 복희씨가 고안했던 주역을 완성했으며 주례周禮와 의례儀禮에 대한 저술을 통해 궁궐 건축부터 예와 의식에 이르는 거의 모든 통치의 기준과 지침을 마련

周文王

〈주문왕〈周文王〉〉

周公旦

〈주공 단(周公旦)〉

한 인물이다. 그래서 훗날 공자는, ≪논어≫ '술이편'에서 '오불부몽현주공吾不復夢見周公. 오랫동안 주공을 꿈속에서 뵙지 못했다'이라고 할 정도로 주공을 가장 이상적인 성인으로 존경했다.

우리 역사에서 가장 위대한 임금으로 존경받는 세종대왕이 역사를 통틀어 가장 존경했던 사람이 바로 주문왕과 그의 아들 주공 단이다. 영화 〈관상〉2013으로 다시 한번 주목받았던 세종의 둘째 아들 수양대군, 그 역시 젊은 시절 여러 사람들과 교류할 때 주공 단에 대해 얘기하며 그를 존경한다고 주변에 말했었다. 병든 형님인 무왕이 일찍 돌아가시고 형님의 어린 아들 성왕이 보위에 오르자 어린 임금을 보살피며 끝까지 인仁과 의義를 저버리지 않았던 주공 단처럼 수양대군 본인도 어린 조카인 단종을 보살피며 섭정을 하다 물러나겠다는 의지를 표현한 것이었다.

하지만 수양대군은 주공 단과는 다른 길을 선택했고 이에 대한 반발은 만만치 않았다. 세조를 몰아내고 단종의 복위를 꿈꿨다가 1456년 음력 6월 1일 의금부에 끌려온 성삼문은 세조 앞에서 "나으리. 나으리가 평생 흠모했던 주공도 어린 조카를 죽이고 임금이 되었습니까?"라고 질책했고, 이후 보위를 찬탈한 세조의 행동은 주공을 따르던 유학자들 사이에서 두고두고 지탄의 대상이 되었다.

삼국지의 주인공 조조가 한중 땅을 평정하고 위왕魏王의 자리에 오르자 신하들은 황제가 되라고 간언했다. 하지만 조조는 "내가 되고 싶은 것은 주나라의 문왕文王이오. 그것으로 나는 만족하오" 라며 끝내 거절했다. 조조 자신은 문왕이 되어 뒤로 물러나고, 대신 자기의 아들들이 역사적 대업을 이루었던 주무왕武王과 인자仁者의 대명사인 주공 단이 되기를 원했던 것이다.

지금도 어진 어머니에 대해 논한다면 사임당師任堂 신씨申氏를 빼고는 얘기할 수 없다. 신사임당申師任堂, 그녀의 이름은 신인선申仁善이다. 당시 여인들의 두 가지 덕목인 '어짊仁'과 '착함善'을 평생 가지고 실천하라는 뜻으로 그렇게 이름을 지었으리라 추측되는 율곡의 어머니 신인선. 그녀의 호 사임당은 집에 붙이는 호인 당호堂號다.

허난설헌許蘭雪軒 역시 마찬가지다. 본명은 초패왕楚覇王 항우를 모셨던 우희虞姬와 같은 의미의 허초희許楚姬다. 난설헌蘭雪軒은 말 그대로 '난초처럼 고상하고蘭 눈처럼 깨끗하게雪 살아가고 싶은 집軒'이라는 의미를 가진 당호다. 사임당師任堂을 풀어보면, '임任이라는 사람을 평생의 스승師으로 모시고 살아가고 싶은 집堂'이라는 뜻이다.

그럼 여기서 신인선이 평생 닮고 배우고자 했던 인물 임任은 과연 누구를 말하는 것일까? 그것은 바로 주나라를 건국하고 고대 왕국의 통치 이념을 정립했으며 유학의 이념을 처음으로 세상에 내놓았던 주문왕의 어머니이자 주공 단의 할머니였던 태임太任을 지칭한다.

즉, 세상 현자들도 존경하며 우러러 모시는 주문왕과 주공 단 같은 아들과 손자를 낳은 태임과 같은 여자가 되고 싶다는 기원을 담은 당호가 바로 사임당師任堂이다. 태임은 또한 역사상 최초로 태교를 실시했던 인물로 알려져 있는데, 이때부터 사임당師任堂은 자식을 잘 키운 현모賢母의 대명사가 되었다.

종묘宗廟와 묘호廟號

영화 〈광해〉2012의 오프닝 장면은 상당히 파격적이었는데 하얀 눈 덮힌 적막한 종묘宗廟 정전正殿에서 시작했기 때문이다. 감독이 전하고 싶은 메시지가 무엇인지 정확히 추측할 수는 없지만 보는 이로 하여금 여러 가지 생각이 들게 했다. 그리고 감독은 첫 장면을 종묘로 선정한 이유를 마지막 장면에 자막으로 써 놓았다. 조선시대에는 왕이 죽고 나면 육신은 백魄과 함께 능陵에 묻고 혼魂을 불러와 종묘에 모셨다.

우리나라에서는 전통적으로 사람의 정신에는 혼과 백이 따로 존재한다고 생각했다. 혼비백산魂飛魄散은 혼이 날아가고 백이 사방으로 흩어지도록 놀란다는 뜻이다. 혼은 기쁨과 슬픔, 자랑스러움과 부끄러움 등 정신적인 감정을 느끼는 주체임에 반해, 백은 배고픔과 목마름, 편안함과 아픔 등의 육체적인 감각을 느끼는 정신이다. 예로부터 인간이 만물의 영장이라고 생각했던 가장 큰 이유는 혼과 백을 동시에 가졌으면서 이를 조절할 줄 알기 때문이었다.

종묘 정전은 조선의 왕과 왕비의 신위神位를 모신 태묘太廟임에 반해 영녕전永寧殿은 정전의 별묘別廟로 지어졌다. 세월이 흐르면서 돌아가신 왕들이 늘어남에 따라 정전에 신주를 모시는 신실이 부족해져 새로운 공간의 필요성이 대두되었다. 세종 때 정종을 모실 신실에 대해 협의하다 정전 서쪽에 별묘를 만들려고 계획했던 것이 영녕전의 시초였다. 이후 임진왜란 때 불타버린 것을 광해군이 10칸 건물로 재건했고 이후 헌종 2년1836에 16칸 건물로 증건한 것이 지금의 영녕전 모습이다.

다시 영화 이야기로 돌아가면, 영화 〈광해〉의 첫 장면이 종묘였지만 사실 광해는 종묘와 전혀 상관이 없는 인물이다. 역사적으로 광해는 반정으로 쫓겨난 임금, 즉 폐

〈종묘(宗廟) 정전(正殿)〉
서울특별시 종로구 소재

주廢主다. 따라서 종묘에서 모시지 않고 묘호廟號도 없이 군호君號인 광해군光海君을 그대로 쓴다. 조선 역사에서 묘호가 없던 임금은 세 사람이었는데, 광해군, 연산군, 노산군이 바로 그들이다.

광해군과 연산군은 반정反正으로 쫓겨난 임금들이고 노산군은 숙부였던 세조수양대군에 의해 영월로 유배간 후 1457년 10월에 그곳에서 죽은 비운의 인물이다. 그 후 약 240년간 외로운 넋으로 떠돌다 1698년 음력 12월 4일에 숙종이 결단을 내려 노산군을 종묘 영녕전에 배향하면서 비로소 단종端宗이라는 묘호를 지어올렸다.

정상적인 경우 묘호廟號는 임금이 죽게 되면 다음 임금적장자이 돌아가신 선왕아버지의 신주를 종묘에 봉안할 때 신실神室에 모시면서 붙이는 명칭이다. 임금이 승하하면 삼년상을 치르고 난 후정확하게는 27개월 혼을 종묘에 옮겨와 영원불사永遠不死의 존재로 모신다. 그리고 종묘에 모셔진 왕들에게 제사를 올릴 때 제관은 하늘에 향을 피워 혼을 불러오고 땅에 술을 뿌려 백을 불러오는 것이다.

≪태조실록≫에 의하면 묘호는 통상 치세 기간에 덕이 많으면 종宗, 공이 많으면 조

〈종묘(宗廟) 영녕전(永寧殿)〉
서울특별시 종로구 소재

祖를 붙인다는 의미로 유덕왈종 유공왈조有德日宗 有功日祖를 첫 번째 규칙으로 했다. 그 외 창업지군칭조創業之君稱祖 계체지군칭종繼體之君稱宗과 더불어 입승왈조入承日祖 계승왈종繼承日宗 등의 기준이 있지만, 중요한 것은 임금은 생전에는 본인의 묘호가 어떻게 될지 전혀 모른다는 것이다.

그런데 조선 초기에는 종宗보다는 조祖를 선호했었던 것 같다. 세조가 승하하고 둘째 아들 해양대군이 보위에 오르니 그가 예종睿宗이다. 예종은 돌아가신 아버지 세조의 묘호를 지어 올려야 했는데 한명회와 신숙주가 가져온 묘호의 후보 3개가 신종神宗, 성종聖宗, 예종睿宗으로 모두 종宗이었다. 이에 화가 난 예종은 "묘호를 조祖로 하면 아니될 특별한 연유라도 있는가?"라며 모두 물리쳤고, 이에 다시 올린 묘호 중에서 선택한 것이 세조世祖였다.

그것은 아마도 세조가 어린 조카를 죽이고 보위를 찬탈했던 것을 역적들을 물리치고 나라를 바로잡은, 이른바 '제2의 건국'에 해당하는 업적이라는 뜻으로 세상에 전하고 싶어서가 아니었을까 짐작해 본다.

자기관리 리더십

거경궁리(居敬窮理)는 유학자의 가장 기본적인 자세와 마음가짐을 뜻한다. 거경(居敬)은 마음을 한곳에 집중해 잡념을 없애는 것을 말하며, 궁리(窮理)는 '리(理)'를 깊이 생각하고 연구한다는 뜻이다. 다시 말해 거경으로 마음을 닦고 도덕성을 높이면서 궁리로 폭넓은 지식과 학문을 쌓는다는 것을 의미한다. 조선의 임금은 이 거경궁리를 몸소 실천하기 위해 해[日]와 달[月]을 비롯한 천하만물에서 배우고자 했으니 그중 대표적인 것 하나가 바로 매미였다. 그리고 그 매미로부터 다섯 가지를 배우고자 했는데, 삼가는 마음으로 평생 매미 날개를 머리에 쓰고 있었으니 그것이 바로 익선관(翼蟬冠)이다.

2

자기관리 리더십
- 매미와 익선관翼蟬冠

　　옛말에 '군자君子는 남보다 앞서가더라도 튀지 말고, 뒤에 가더라도 짐이 되지 말며, 남 위에 있더라도 누르지 말고, 남 아래에 있더라도 매달리지 말라고 했다. 그리고 조선의 임금은 매일매일을 이러한 군자의 도를 실천하기 위해 노력했고 이를 생활화하기 위해 성리학性理學의 기본인 거경궁리居敬窮理의 자세로 자신의 마음과 학문을 닦았다.

　　거경궁리는 유학자의 가장 기본적인 자세와 마음가짐을 뜻한다. 거경居敬은 마음을 한곳에 집중해 잡념을 없애는 것을 말하며, 궁리窮理는 '리理'를 깊이 생각하고 연구한다는 뜻이다.

　　다시 말해 거경으로 마음을 닦고 도덕성을 높이면서 궁리로 폭넓은 지식과 학문을 쌓는다는 것을 의미한다. 조선의 임금은 이 거경궁리를 몸소 실천하기 위해 해日와 달月을 비롯한 천하만물에서 배우고자 했으니 그중 대표적인 하나가 바로 매미였다.

　　임금이 머리에 쓰는 관冠은 세 가지로 나누어진다. 신하들로부터 하례

〈황제의 십이장복(十二章服)〉
서울특별시 종로구 종묘 소재

賀禮를 받을 때 쓰는 원유관遠遊冠을 비롯해서 면류관冕旒冠과 익선관翼蟬冠이 바로 그것이다. 면류관은 왕의 대례복大禮服인 구장복九章服과 함께 혼례나 기우제 등 나라의 공식 행사 때 쓴다. 면류관 윗부분에 있는 직사각형의 평평한 판을 연筵이라 하고, 연의 앞과 뒤에 구슬을 꿰어 달아놓은 줄을 유旒라 한다. 조선의 왕은 아홉 줄의 유를 달았는데, 숫자 9는 우주를 관장하는 북두구진北斗九辰에서 유래한 것으로, 하늘을 지향하고 양陽을 관장하는 숫자 중 가장 높은 숫자이기 때문이다.

반면 중국 황제는 열두 개의 유를 달았다. 사람의 몸에 경락이 열두 개인 것처럼 1년도 12개월이고, 세상 만물이 열두 방위에 걸쳐 있어 땅의 조화가 열두 동물인 12지신에 의해 이루어지듯 황제는 시간과 공간을 다스리는 천상천하유아독존天上天下唯我獨尊이라는 의미다.

29쪽의 사진에서 보듯이 임금이 종묘제례나 기우제 등 국가의 공식 행사 때 입던 면복冕服은 면류관과 곤복袞服을 통칭하는 말인데, 이것은 다시 구장복九章服과 십이장복十二章服으로 나누어진다. 사진의 면류관은 유旒가 12개로, 고종과 순종이 황제가 된 뒤 입었던 십이장복이다.

한편 면류관과는 달리 익선관은 임금이 평상시 시무복으로 입는 곤룡포袞龍袍와 함께 쓰는 관으로, 뒤쪽에 매미 날개를 닮은 모양의 얇은 검정색 망사 두 개가 붙어 있다. 이것은 평생 임금이 매미에게 배우는 다섯 가지의 자세와 마음가짐을 표현한 것인데, 그 내용은 다음과 같다.

첫째, 스스로 떠날 때를 알고 실천하라

스스로 산을 내려가면 하산下山이고 강제로 끌려 내려가면 추락墜落이

〈익선관을 쓴 영조의 어진〉 보물 제932호, 채용신(蔡龍臣)·조석진(趙錫晋) 作, 1900년

국립고궁박물관 소장, 문화재청 이미지 제공

다. 권력자가 스스로 하산하면 역사에 아름답게 남게 되지만 타의에 의해 추락하면 영원히 오명汚名만 남기게 된다. 매미는 무더위가 끝나고 찬바람이 불기 시작하면 스스로 사라진다. 임금은 임기직이 아니고 평생직이기 때문에 퇴직이라는 개념이 없다. 말 그대로 죽어야 임기가 끝나는 것이다. 그래서 왕이 승하하면 그 다음 왕인 아들은 국상國喪 중에 울면서 보위에 오른다.

국상이 나면 다음 왕을 호칭할 때 왕이나 임금이라 부르지 않고 상주喪主라 한다. 따라서 즉위식과 관련한 거창한 행사나 연회를 열지 못하고 국상을 치르는 것에 여념이 없게 된다. 그래서 왕의 장례식에 관한 자료는 많이 남아 있어도 즉위식에 관한 자료는 그다지 많지 않은 편이다.

왕이 노쇠하여 판단력이 흐려지면 국정 운영 능력이 떨어지고 동시에 객관적인 통찰을 기대하기 어렵다. 따라서 임금은 미리 자신의 뒤를 이을 후계자인 세자를 정하고 학문 정진과 심신 수양에 매진할 수 있도록 해야 한다. 그렇게 하면 준비된 임금을 만들 수 있을 뿐만 아니라 형제간의 분쟁과 갈등도 사전에 막을 수 있다. 무엇보다도 세자 책봉과 관련해서 신하들의 이른바 '줄서기'를 방지할 수 있으니 위정자의 입장에서는 세자 책봉을 서두르지 않을 이유가 없다.

하지만 세자 책봉을 현명하게 하는 임금이 있는 반면 그렇지 못한 임금도 많았다. 세자 책봉은 많은 장점에도 불구하고 결정적인 단점도 하나 가지고 있었는데 그것이 바로 '레임덕', 즉 권력누수였다. 세자를 책봉하는 그날부터 중신들의 눈빛이 변하고 줄서는 방향이 달라질 수 있기 때문에 이를 극복할 업무 능력과 조정朝廷을 이끌고 나아갈 카리스마가 부족하다면 세자 책봉은 임금 본인에게 곤혹스러운 자충수가 될 수도 있었다. 그래서 예로부터 그 임금이 훌륭한 인물인지를 판단하는 첫 번째 기준으로 세자를 언제 책봉하고 선위禪位했는지를 꼽기도 했다.

둘째, 염치廉恥를 알고 군자의 도道를 실천하라

매미는 자기가 노력하지 않은 결과물에 욕심을 내지 않는다. 농부가 힘들여 가꾼 곡식을 참새처럼 염치 없이 훔쳐먹지 않는다는 것이다. 남의 것을 탐내지 않고 이슬과 수액만 먹으면서 본분과 분수를 지키며 살아간다. 이것이 진정 선비가 배워야 할 정신이며 군자가 가야 할 길이라고 생각했다.

셋째, 무소유無所有 정신으로 자기를 절제하라

매미는 집이 없는 곤충이다. 집이 없는 매미처럼 왕은 청빈淸貧한 생각을 가져야 하며 백성이 가진 것에 욕심을 내서는 안된다. 옛말에 '하늘 아래 사람 중에 임금의 신하가 아닌 사람이 없고, 하늘 아래 땅 중에 임금의 땅이 아닌 땅이 없다'는 말이 있다. 말 그대로 임금은 하늘과 땅 사이에 존재하는 모든 것의 주인이라는 뜻이다.

그래서 부귀영화富貴榮華는 아무나 누리는 것이 아니라 하늘 아래 단 한 명, 임금만이 가질 수 있는 특권이다. 드물게 부가 있는 사람이라 하더라도 귀한 사람은 아니고, 반대로 귀한 사람이라 하더라도 부가 없는 경우가 대부분이기 때문이다.

부가 있어도 귀하지 않은 사람이 상인이나 내시들이라면 귀하더라도 부가 없는 사람이 선비와 벼슬아치였다. 선비와 벼슬아치가 재산이 많다 함은 곧 청백리와 거리가 멀다는 것을 의미한다. 따라서 이 모든 것을 가진 왕은 백성이 소유한 것에 욕심을 두지 않고 스스로 삼가는 마음을 길러야 하는데 이것을 매미로부터 배웠던 것이다.

매미에게 배우는 절제는 단지 재산과 물건에만 그치는 것이 아니었다. 조선의 스물일곱 임금 중에서 폭군을 꼽으라면 단연 연산군일 것이다. 연산군은 평소 사냥을 즐겼는데 이 때문에 궁 밖 행차가 많았다. 임금이 궁 밖으로 나서려면 여러 사람들이 힘들어지고 비용 또한 부담스러워진다. 연산군은 사냥을 워낙 좋아해서 백성들은 출입할 수 없는 자기만의 전용 사냥터를 넓혀 나갔다. 중종 반정으로 쫓겨나기 직전에는 한양에서 파주에 이르는 한강변 대부분의 땅이 연산군의 사냥터로 확장되었고 그곳에 살던 백성들이 쫓겨나게 되어 원성이 엄청났었다.

연산군의 생모는 폐비 윤씨인데 남편인 성종과 시어머니인 인수대비로부터 폐서인으로 내쳐져서 결국 사약을 마시고 죽은 비운의 여인이다. 어머니의 손길을 받고 자라지 못해서였는지 연산군은 어린 시절에 병치레가 잦았다. 어미 잃은 어린 왕자가 풀이 죽어 지내는 모습을 본 연산군의 큰어머니인 월산대군 부인 박씨월산대군은 연산군의 아버지인 성종의 형님가 사저에 데리고 와서 보약을 먹이고 위로해 주며 어린 연산군을 키웠다.

월산대군 부인 박씨는 젊어서부터 대단한 미인으로 장안에 소문이 자자했다. 연산군은 보위에 오른 후 자신의 아들을 돌봐 달라는 핑계로 박씨를 궁궐로 자주 불러들였고 급기야 임신하게 만들었다. 이에 수치를 느낀 박씨는 목을 매 자결하고 말았다.

월산대군 부인 박씨에게는 박원종이라는 남동생이 있었는데 무예가 출중했다. 누나가 연산군으로 인해 치욕스럽게 자결한 것에 원한을 품은 박원종은 자연스럽게 반정 세력들과 의기투합했다. 박원종과 뜻을 함께 한 심정, 성희안 등의 반정 세력들이 연산군의 폭정 때문에 궐기했던 반면, 박원종은 누나의 원한이 반정에 가담한 가장 큰 요인이었고 결국 연산군은 이로 인해 폐주로 쫓겨나게 되었다.

결과적으로 박씨 부인 사건이 연산군에 대한 반정이라는 돌이킬 수 없는 치명타로 돌아왔던 것이다. 일반 백성들로서는 생각지도 못할 일이었지만 윗자리에서 군림하는 누군가는 마음만 먹으면 무엇이든 뺏을 수 있는 권력이 있기 때문에 더욱 꺼려 하고 삼가야 함을 매미로부터 배우는 것이다.

넷째, 공부하는 선비의 자세를 닮아라

매미 얼굴은 정면에서 보면 역삼각형인데, 여기에 갓을 씌우면 글월 문 文자가 된다. 이것은 영락없이 갓을 쓴 선비의 모습이다. 매미가 다른 곤충들과 달리 대우를 받았던 가장 큰 이유가 바로 이것 때문이었다. 얼굴 모양 자체가 글공부文를 상징하는 매미를 통해서 임금도 끊임없이 공부해야 하는 존재임을 잊지 않도록 스스로 독려한 것이다.

다섯째, 인내와 수양을 배워라

매미는 지상에서 단 7일을 울다가 사라지기 위해 7년을 땅 속에서 애벌레로 지낸다. 길고 긴 인내와 시련이 강인한 매미를 만드는 것이다. 사람도 마찬가지다. 훌륭한 사람이 되기 위해서는 인내와 수련이 필요하고 만인의 지존인 왕이라고 해도 여기서 예외일 수는 없다.

성군聖君이 되기 위해서는 왕자 시절부터 끊임없이 학업에 정진하고 심신을 수양해야 한다. 그래야만 훗날 왕이 되었을 때 이 날의 힘들었던 수양이 바탕이 되어 나라를 이끌어 갈 수 있는 동력이 생성되는 것이다. 그런데 마치 애벌레 기간이 없는 매미가 나오듯이 간혹 왕자 시절 인고忍苦의 시간을 보내지 않은 왕이 보위를 잇는 경우가 있었다. 서자 왕자庶子王子가 바로 그런 경우이다.

후궁이나 무수리의 몸에서 태어난 서자 왕자들이 출중하다는 소문이 퍼지면 가장 경계하고 의심하는 사람은 적자嫡子의 생모인 중전中殿이다. 중전은 자신의 아들인 적자가 왕위를 이어가길 원하는데 인격이나 역량 면에서 서자 왕자에게 밀리게 되면 가만히 두 손 놓고 방관할 수만은 없게 된다. 그렇게 되면 서자 왕자는 물론 그의 일가까지 화를 입을 수도 있다. 그래서 보위에 오를 가망이 없는 서자 왕자는 애당초 발톱을 드러내서는 안되는 것이다.

따라서 자의반 타의반 인격 수양 및 학문 정진과는 동떨어진 삶을 살 수밖에 없는 것이 그들의 운명이었다. 그렇게 십수 년을 살아왔는데 어느 날 갑자기 보위를 이을 세자가 이름 모를 병으로 죽게 되고, 대책 없는 상황에서 아무런 준비 없는 서자 왕자가 부득이 그 자리를 잇게 되면 나라는 정상적인 운영이 힘들어진다.

학문이 얕으니 신료들과의 대화에 깊이가 없어짐은 물론, 고전과 경전을 모르니 옛 성현들의 뜻을 살필 수가 없게 된다. 또한 임금의 정신 세계가 넓고 깊지 못하니 신하들의 상소와 간언의 수준도 자연히 천박해지게 된다. 결국 왕의 주변에는 천하고 얄은 자들만 남게 되고 나아가 왕의 안색을 살펴 비위를 맞추려는 간신배들만 득실거리게 된다.

따라서 준비되지 않은 왕은 막중한 책임을 감당할 수 없으며, 그로 인한 고통은 고스란히 백성들의 몫으로 돌아오게 되는 것이다. 이러한 불상사를 방지하기 위해 임금은 어려서부터 기나긴 인고의 시간을 견디며 심신을 닦는 지혜를 매미로부터 배웠던 것이다.

왕의 이름 '휘諱'

조선 왕들 중에서 이름이 가장 유명한 임금은 22대 임금 정조正祖일 것이다. MBC 드라마 〈이산李祘〉2007을 통해서 그의 이름이 알려졌다. '멀리 본다, 깊이 본다'의 의미로 볼 시示 자가 두 개 붙은 산祘 자를 쓴다. 당시에는 '산'이 아니라 '성'으로 읽었다는 주장이 전해지기도 한다.

원래 왕의 이름은 휘諱라 하여 금기어로 정해지기 때문에 일반 백성들은 이름에 같은 한자를 쓸 수 없었다. 왕의 휘가 정해지면 같은 한자의 이름은 이미 죽은 사람이라도 바꿔야만 했다. 관리들의 상소문이나 선비들의 과거시험 답안지에 행여라도 왕의 휘를 쓰면 불경죄로 곤욕을 치를 수 있기에 글공부하는 선비들은 어려서부터 천자문을 떼면 왕들의 휘부터 외워야 했다. 그래서 왕의 이름은 백성들의 불편을 줄이기 위해 외자로 붙였으며 흔한 글자가 아닌 어렵고 드물게 쓰이는 글자를 일부러 만들어 썼다.

한무제漢武帝는 한고조 유방이 항우를 물리치고 세운 한漢제국의 일곱 번째 황제로서 동중서董仲舒로 하여금 유학儒學의 토대를 닦게 하고 봉건제를 강화했던 인물이다. 또한 사마천에게 궁형을 내려 그가 ≪사기史記≫를 쓰게 되는 직접적인 단초를 제공했던 황제로도 유명하다. 이 한무제의 이름이 유철劉徹이다.

그리고 한무제보다 백 년 이상 먼저 태어난 사람으로 괴통蒯通이라는 사람이 있었다. 그는 한고조 유방 곁에서 파초대장군을 지내면서 항우를 물리치는 데 가장 큰 공을 세웠던 한신韓信의 변사辯士이자 책사策士였다. 그는 평소 한신에게 "장군이 유방을 도와 항우를 공격할 것이 아니라 중립을 지켜 천하를 삼분三分하십시오. 한왕 유방은 장군을 버릴 사람입니다"라고 수없이 간언했으나 한신은 끝내 이 말을 듣지 않았다. 나중에 한신이 토사구팽兎死拘烹당하자 "천하의 이치는 아는 사람이 어찌 한 사람의 속마음은 모른단 말인가"라는 유명한 말을 남기고 죽은 사람이 바로 이 괴통이다.

그런데 괴통의 본명은 괴철蒯徹이었다. 한무제 때 사마천이 ≪사기史記≫의 '세가世家 한신편'을 집필하면서 이 괴철의 이름을 괴통으로 바꿔버렸다. 백여 년 전에 이미 죽은 사람이지만 현직 황제의 이름과 같은 한자의 쓸 수 없었던 까닭이었다. 그리고 중국 자금성紫禁城을 설계한 사람이 이 괴철의 직계 후손인 괴상蒯瞬이다.

우리가 반드시 알아야 할 왕의 이름휘 순위를 꼽자면 단연 세종대왕이 그 첫 번째다. 태종은 중전 원경왕후 민씨元敬王后 閔氏와의 사이에서 네 아들과 네 딸을 두었다. 첫째가 익히 잘 알려진 양녕대군讓寧大君 이제李禔, 둘째가 효령대군孝寧大君 이보李補, 셋째가 세종대왕인 충녕대군忠寧大君 이도李祹 그리고 넷째가 성녕대군誠寧大君 이종李褈이다. 왕자들은 형제간에는 부수가 같은데 네 사람 모두 볼 시示 자 부수로 휘를 지었다.

그리고 세종대왕의 큰 아들 문종은 이향李珦, 둘째 수양대군은 이유李瑈, 셋째 안평대군은 이용李瑢으로, 이들은 모두 임금 왕王 자 부수다. 그리고 고종황제의 아들 중에서 조선의 마지막 임금이며 2대 황제인 순종純宗은 이척李坧, 귀인 장씨貴人 張氏와의 사이에서 태어난 의친왕義親王은 이강李堈, 귀비 엄씨貴妃 嚴氏에서 태어나 이방자 여사와 결혼했던 영친왕英親王은 이은李垠으로 모두 흙 토土 자 부수다.

왕자가 아닌 신분의 사람이 보위에 오르게 되면 왕이 되고 나서 비로소 휘諱를 지었다. 고려의 신하이면서 조선을 건국한 태조의 원래 이름은 성계成桂이지만 왕이 된 후 지은 휘는 단旦이다. 두 번째 임금 정종定宗 역시 원래 이름은 방과芳果인데 나중에 휘를 경曔으로 지었다. 다만 태종은 예외적으로 따로 휘를 만들지 않고 방원芳遠이라는 초명初名을 그대로 썼다.

사람관리 리더십

'사람을 아는 것이 군왕의 도리며 일을 아는 것이 신하의 도리'다. 따라서 조직을 이끄는 리더가 가져야 할 역량 두 가지가 있으니 그것이 바로 '사람'과 '일'을 아는 것이다. 나라가 올바르게 돌아가려면 각자의 자리에서 본분에 충실해야 한다. 신하는 자기 자리에서 신하답게 행동해야 하고, 동시에 이런 신하를 만들려면 임금은 '곁에 둬야 할 사람'과 '두지 말아야 할 사람'을 구분해서 각자 제자리에 배치하는 지혜를 발휘해야 한다. 이처럼 사람을 제대로 보고 적합하게 쓰는 것은 군왕이 지녀야 할 핵심 덕목이었다. 사람은 많지만 정작 쓸만한 사람은 없다며 한탄하는 리더들을 위해 공자는 사람을 모으고 쓰는 방법을 '정명(正名)'으로 요약했다.

3

사람관리 리더십
- 공자孔子의 정명사상正名思想과
삼적三適의 도道

　　공자는 '세상에는 두 종류의 사람이 있으니 그 하나가 '무지無知한 자'이고 나머지 하나가 '부지不知한 자'라고 했다. 무지한 자는 자신이 무식하고 모자라지만 그 사실조차 모르고 사는 대다수의 사람들을 일컫는 말인 반면, 부지한 자는 스스로의 부족함을 깨닫고 배우려는 사람을 뜻하는 말이다. 대체로 사람은 배우면 배울수록 자신이 부족하다는 사실을 더욱 느끼게 되는데 이는 곧 벼가 익을수록 고개를 숙이는 것과 같은 이치다. 이러한 공자의 어록과 사상은 시간이 흐를수록 더 빛을 발하고 있는데, 공자의 사상 중에 리더가 제대로 알고 실천해야 할 중요한 기본이 바로 정명사상正名思想이다.

　제왕帝王의 역할 중 가장 중요한 것은 '사람을 아는 것이 군왕의 도리며 일을 아는 것이 신하의 도리'라는 사실을 깨닫고 실천하는 것이다. 예로부터 조직을 이끄는 리더가 가져야 할 역량 두 가지가 바로 '사람'과 '일'을 아는 것인데, 그 중에서 사람을 제대로 보고 적합하게 쓰는 것은 군왕이

孔丘

〈공자(孔子)〉

지녀야 할 핵심 덕목이었다.

河海不擇細流 (하해불택세류)
泰山不辭土壤 (태산불사토양)

'저 넓은 황허의 물과 바닷물은 아무리 작고 가는 물줄기라도 가려 받지 않고, 저 높은 태산은 한줌의 흙도 사양하지 않는다'라는 뜻이다. 이것은 다시 말해 '저 깊은 바다는 아무리 작은 강물이라도 가려받지 않고 모아서 담아냈기 때문에 깊은 것이고, 저 높은 태산은 한 줌의 흙도 버리지 않고 쌓아 놨기 때문에 높은 것'이라는 의미다.

리더의 역할은 참으로 복잡하고 어렵다고들 한다. 조직마다 리더에게 기대하는 내용, 조직원들의 수준, 그리고 그들이 살아가는 조직 문화가 모두 천차만별이고 외부 환경 또한 빠르게 변해가기 때문일 것이다. 하지만 아무리 세상이 변하고 조직의 시스템이 발전한다 하더라도 결국 일은 사람이 하는 것이고, 그 사람에 의해 조직의 성패가 좌우된다. 훌륭하고 역량 있는 사람을 얼마나 모으느냐가 가장 중요하다는 것은 누구나 주지하는 사실이며 동시에 동서고금 불변의 진리다.

'사람을 잘 모으는 능력'. 이것은 모든 리더들이 갖기를 바라는 역량이지만 그 방법론에 대해서는 아는 이가 많지 않다. 주변을 돌아보면 수없이 많은 리더십 교육들이 우리를 둘러싸고, 리더십 관련 서적들이 홍수를 이루어도 여전히 리더들은 표지판 없는 갈림길에서 숨막혀 한다. 이처럼 갈 길을 잃고 제자리를 맴도는 리더들, 그리고 사람은 많지만 정작 쓸

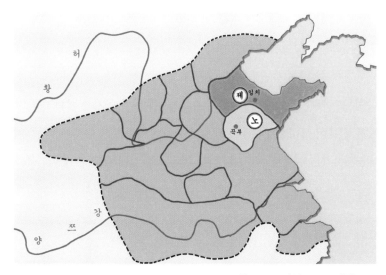

〈춘추시대 노(魯)나라와 제(齊)나라〉

만한 사람은 없다며 한탄하는 리더들을 위해 공자는 사람을 모으고 쓰는 방법을 '정명正名'으로 요약했다.

공자는 중국 춘추시대春秋時代 사람으로 이름은 구丘이며 자는 중니仲尼다. 노魯나라 창평향昌平鄕에서 하급 무사인 아버지 숙량흘叔梁紇과 어머니 안징재安徵在 사이에서 태어났는데, 세 살 때 아버지를 여의고 창고지기 노릇을 하며 학문에 정진하여 유학의 이론을 집대성했다.

이론의 여지가 있지만 일설에 의하면 공자는 야합野合으로 태어났기 때문에 아버지가 원했던 아들이 아니었다고 한다. 야합이란 말 그대로 정상적인 혼인이 불가한 남녀가 들판에서 갖게 되어 낳은 아이를 지칭하는 말이다. 지금은 정치적인 뒷거래를 뜻하는 말로 통용되지만 옛날에는 떳떳하지 못한 신분의 사람을 뜻하는 말이기도 했다.

공자의 아버지 숙량흘은 평생 세 명의 부인을 맞이했는데, 첫 번째 부인 시施씨와의 사이에서는 딸 아홉 명을 낳았다. 그래서 아들을 원했던 숙량흘이 두 번째 부인을 통해 아들을 낳기는 했는데 소아마비로 한쪽 다리를 절었다. 그 후 공자의 어머니 안징재를 만나 공자를 낳았지만 떳떳한 신분이 아니었기 때문에 공자 어머니는 남편이 일찍 죽은 뒤 갖은 어려움을 겪으면서 공자를 키웠다고 전해진다. 그래서 공자가 다른 성인들보다 실수도 많고 허점도 많지만 오히려 이러한 면이 공자를 더욱 인간적이고 친밀하게 느끼도록 하는 매력인지도 모르겠다.

일본에서는 리더십 전문가들이 강의에서 공자를 인용할 때 정명사상正名思想을 특히 강조한다. 공자는 평소에 훌륭한 군주가 되려면 사람을 제대로 써야 한다는 점을 많이 강조했다.

공자는 정치政治의 요체를 '정正'이라 보았다. 한번은 공자의 고향 노나라 제후 애공哀公이 공자에게 물었다. "백성들이 잘 복종하게 하려면 어떻게 해야 합니까?" 이에 공자가 대답하길, "정직正直한 사람을 등용하여 사곡私曲, 거짓되고 표리부동한 사람한 사람들 위에 배치하면 백성이 저절로 복종하고, 사곡한 사람을 뽑아서 정직한 사람 위에 놓으면 백성이 복종하지 않는다. 정직과 사곡을 구분하여 실행하는 것이 곧 지혜이며 정치의 요체다"라고 하였다. 이것은 다시 말하면, 리더는 사람을 보는 안목을 가지고 적재適材를 적시適時에 적소適所에 배치하는, 이른바 '삼적三適의 도道'를 실천하는 것이 정치의 요체라는 것이다.

공자는 춘추시대 가장 강력한 나라 중 하나인 제齊나라를 찾아가서 그곳을 다스리던 제후 경공景公과 재상 안영晏嬰을 만나 유명한 대화를 나누게 된다. 먼저 경공이 공자에게 "선생. 정치政治가 무엇입니까?"라고 물었다. 이에 공자가 "예. 천하天下를 아름답게美 하는 것이 바로 정치입니다"라고 대답했다. 그러자 경공이 고개를 갸웃거리며 "선생. 천하라는 말은 바로 이해가 되는데, 아름답다는 말은 너무 추상적이고 막연하지 않습니까? 좀 더 구체적으로 말씀해 주십시오. 어떤 상태가 아름다운 상태입니까?"라고 재차 물었다. 그러자 공자가 웃으며 말하길, "예. 아름다운 상태란 자기 자리에서 자기다움에 충실한 상태를 말합니다. 아버지는 아버지 자리에서 아버지다워야 하고, 자식은 자식의 자리에서 자식다워야 하며, 임금은 임금의 자리에서 임금다워야 하고, 신하는 신하의 자리에서 신하다워야 하는 것입니다. 모두가 이 '다움'에 충실할 때 천하는 아름다워지고 나라가 바로 설 수 있는 것입니다"라고 했다.

여기에서 그 유명한 '군군신신부부자자君君臣臣父父子子'가 유래하게 된다. 공자의 말은 임금과 신하가 각자의 자리에서 자기답게 행동해야 나라가 바로 선다는 뜻이다. 이를테면 임금은 임금의 자리에서 임금답게 백성을 살펴야 하고, 전쟁을 수행하는 신하는 전쟁터에서 장수다워야 하고, 현전賢殿에서 공부하는 신하는 현전에서 학자다워야 한다는 것이 공자의 정명사상이다. 이처럼 조직이 올바르게 정립되고 활기 있게 돌아가려면 무엇보다도 조직원 각자가 자기 자리에서 자기 역할을 다하는 것이 조직 활성화와 리더십의 가장 기본적인 전제임에도 불구하고 상당수의 사람들이 이 부분을 간과하고 있다.

신하가 자기 자리에서 자기다움에 충실하게 하려면 임금은 먼저 '곁에 둬야 할 사람과 두지 말아야 할 사람을 구분해서 각자 제자리에 두는 것'

을 실천해야 한다. 싸움을 잘하는 신하는 전쟁터에 배치해서 싸울 수 있는 여건을 마련해 줘야 하고, 학문이 깊은 신하는 현전에 배치하여 공부할 수 있는 환경을 조성해 줘야 하며, 장사에 능한 신하는 무역에 종사케 하여 국익 창출에 기여하게 하는 것이 사람을 쓰는 리더의 가장 중요한 덕목이다. 그리고 이렇게 하면 정치하는 사람은 자연히 스스로를 바로 잡을 수 있는 정자정야政者正也의 경지에 이르게 된다는 것이 공자의 생각이었다.

공자는 이 정명사상과 더불어 '잘 다스려지는 나라의 가장 이상적인 모습은 백성이 정치에 대해 논하지 않는 나라'라고 강조했다. 리더가 인仁과 예禮로써 모범을 보이면 백성 또한 스스로 예를 지켜 범법犯法하지 않으니 이것이 바로 '무치無治의 도道'이고 이것이야말로 하늘 아래 가장 아름다운 다스림이라는 리더십의 이상향을 제시했다.

기법은 변해도 진리는 영원한 것처럼 몇백 년 몇천 년이 흐른 먼 훗날, 그때도 필시 우리 후손들은 사람을 이끌고 조직을 관리하는 리더의 역할에 대해 공부할 것이고, 그 리더십 교육에서도 앞서 말한 이 '삼적의 도'와 '정명사상'은 똑같이 강조될 것이다.

3

• • •

궁궐宮闕 이야기

궁궐宮闕은 임금이 거처하는 집을 뜻하는 궁宮과 그 궁을 둘러싸고 있는 담장을 의미하는 궐闕이 합쳐진 말이다. 묏자리를 쓸 때도 마찬가지지만 궁궐을 지을 때도 배산임수背山臨水에 입각해서 터를 정했다. 도성과 궁을 지을 때 산을 등지고 강을 앞에 두는 이유는 크게 두 가지인데, 첫째로 산을 등지고 있으면 적군이 뒤에서 공격해 오는 것을 효과적으로 차단할 수 있다. 동시에 강이 앞에 있으면 강을 건너야 하는 적군이 많은 어려움을 겪기 때문에 쉽게 공격할 수가 없다. 이런 군사적 이유 외에도 배산임수로 정하는 두 번째 이유는 햇빛 때문이다. 해가 동쪽에서 떠서 남쪽

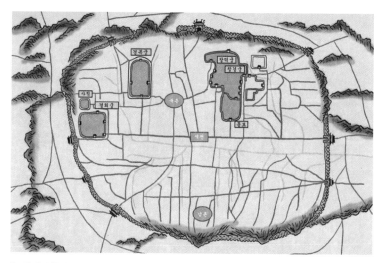

〈조선시대 한양의 궁궐 위치〉

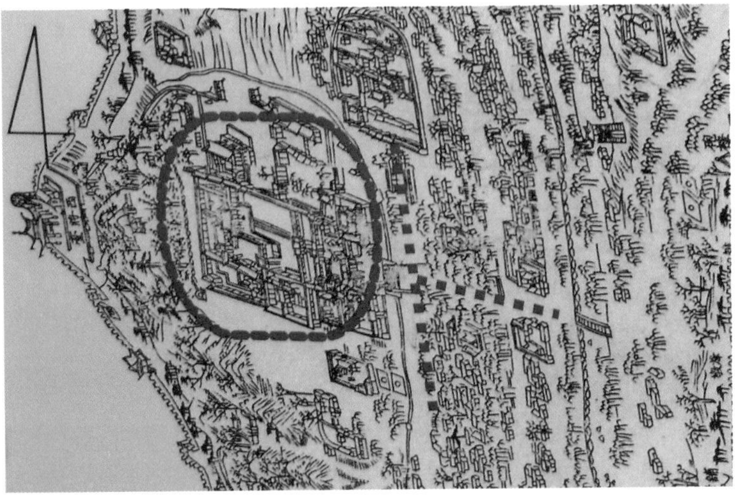

〈화성(華城) 행궁과 도로의 방향〉
경기도 수원시 팔달구 수원화성박물관 소장

을 지나 서쪽으로 넘어가는 운행 과정에서 햇빛을 많이 모으려면 뒤에는 산, 앞에는 강이 있어야 한다. 하늘에서 땅으로 쏟아지는 햇빛은 뒤쪽 북악산에 반사되어 그 앞에 모이고 또 한강에 굴절된 햇빛은 같은 장소에 모이게 되니 그곳이 바로 명당인 경복궁터다. 하지만 배산임수의 궁궐터에도 단점이 하나 있는데 그것은 양陽의 기운이 넘쳐 화재火災가 많이 발생한다는 것이다. 그래서 경복궁 안에 연못을 파서 경회루를 만들었다.

숭례문崇禮門의 현판을 세로로 썼던 이유도 마주보는 관악산 불陽의 기운을 하늘에서 땅으로 향하는 비陰의 기운으로 억제하고자 했던 바람에서 비롯되었다.

경회루慶會樓의 경회慶會는 '경사스러운 모임'이라는 뜻으로 원래는 중국 사신 접대용으로 만든 누각이다. 경회루의 누각 마룻바닥은 3단으로 이루어져 있고 임금이 앉는 자리인 중앙은 또 다시 세 칸으로 나누어져 있다. 예로부터 3三은 천天, 지地, 인人을 뜻하고, 이 천(一), 지(＿), 인(ㅡ)을 세로로 이어주는 존재(丨)가 바로 왕王이라는 뜻이다.

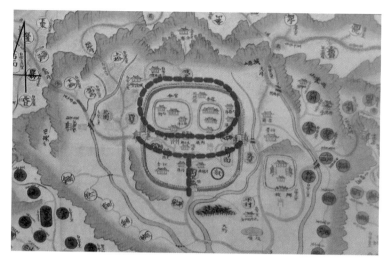

〈낙안군(樂安郡)의 읍성과 도로의 방향〉
경기도 수원시 팔달구 수원화성박물관 소장

궁궐의 정문은 남면南面으로 세워지는데 경복궁의 정문인 광화문光化門과 창덕궁의 정문인 돈화문敦化門이 그 경우다. 서울의 목멱산木覓山이 남산으로 불리는 까닭이 여기에 있다. 그리고 남면하는 궁궐 기준 좌측에 종묘宗廟를, 우측에 사직社稷을 마련한다. 종묘는 돌아가신 임금의 신위를 모시고 제사를 올리는 신성한 곳이고 사직은 곡식의 신을 모시는 곳이다.

창경궁은 정문이 홍화문弘化門이다. 원래 이름은 수강궁壽康宮으로, 1418년 선위禪位하고 물러난 상왕 태종을 모시기 위해 세종이 지은 궁이다. 이후 성종이 할머니인 정희왕후와 어머니인 소혜왕후를 모시기 위해 폐허가 된 수강궁을 수리하면서 이름도 창경궁으로 새로 지었다. 그리고 성종의 형님인 월산대군의 사저私邸였던 덕수궁은 정문이 현재 대한문大漢門이다. 원래 덕수궁의 정문은 정전正殿인 중화전中和殿 남쪽에 있던 인화문仁化文이었는데, 1904년 화재 이후 재건하면서 중화전 동쪽에 있던 대안문大安門을 대한문大漢門으로 바꾸고 정문으로 삼았다. 한편 인조의 아버지 정원군의 사저私邸에 만들어진 경희궁慶熙宮의 정문은 흥화문興化門이다. 이 궁들의 정문인 홍화

《동궐도(東闕圖)》 국보 제249호, 1826~1830년 제작 추정
동아대학교박물관 소장, 문화재청에서 이미지 제공

문, 대한문, 흥화문은 모두 방향이 동쪽으로 나 있다.

50쪽의 사진이 수원화성水原華城의 행궁 지도이고 51쪽의 사진이 낙안군樂安郡의 도로 지도이다. 낙안군은 전남 순천의 옛날 낙안읍성을 말하는 것으로, 지도에서 보 듯이 한양을 비롯한 옛날 일반 도시의 도로는 남향인 궁궐 기준으로 T자형의 길을 형성하는 것이 원칙이었다. 하지만 수원화성은 정문인 장안문이 북향인 관계로 부 득이하게 행궁을 동향으로 배치하고 그 앞에 ㅏ자형 도로를 생성했으며 도로 앞에 개울을 만들어 배산임수를 완성했다.

조선의 맏아들 격인 법궁法宮은 경복궁景福宮이다. 경복景福이란 말은 원래 ≪시경詩 經≫의 '군자경복君子景福'이라는 구절에서 온 것으로 '덕을 갖춘 군자는 큰 복을 받 는다'라는 뜻인데, 다른 관점에서 얘기하면 '임금은 큰 덕을 갖추어야만 한다'라는 뜻이 숨어 있기도 하다.

조선의 궁궐 중에서 그 원형이 가장 잘 보존된 궁은 유네스코 세계문화유산인 창덕 궁昌德宮이다. 창덕궁은 궁궐 중에서 임금의 손때가 가장 많이 묻어 있고, 아기자기한 자연 그대로를 살려 주변 건물을 만들었기 때문에 인간미와 자연미가 단연 돋보인 다. 또한 산자락을 따라 지어서 비정형적 조형미가 친숙하게 느껴지고, 자연미에 인 공미를 절제하여 만들어서 더 아름답게 느껴진다. 창덕궁의 정문은 돈화문敦化門인데, 돈화敦化는 '서로 교화를 두텁게 한다'라는 뜻으로 ≪중용中庸≫의 '대덕돈화大德敦化'에서 비롯된 말이다.

왼쪽의 그림은 국보 제249호인 〈동궐도東闕圖〉인데, 동궐은 법궁인 경복궁 동쪽에 있는 궁이라는 뜻으로 창덕궁과 창경궁을 합쳐서 부른 말이다. 옛날에는 두 궁이 하나로 연결되어 있었는데, 일제강점기 때 창경궁에 동물원과 식물원을 만들면서 담을 쌓아 창경원이라 하였다.

창덕궁에는 임금이 개인적인 일상 생활을 하는 사적 공간인 희정당熙政堂, 주요 정치의 핵심 장소로 공식 행사를 거행했던 인정전仁政殿, 경연 및 토론 장소였던 선정전宣政殿, 중전의 처소이면서 왕과 왕비의 부부 공간인 대조전大造殿, 그리고 대비마마의 거처인 수강재壽康齋가 있다.

한편 궁궐 중 가장 먼저 만들어졌으나 임진왜란 때 소실되어 대원군 때 중건된 경복궁은 직사각형 형태이다. 이것은 천원지방天圓地方 사상에 입각한 것인데 '천원天圓'은 하늘이 둥근 것처럼 모든 만물을 포용하는 원만하고 조화로운 정신을 뜻하고, '지방地方'은 땅이 네모난 것처럼 반듯하고 곧아야 하는 몸가짐을 의미한다. 그래서 경회루를 만들 때도 네모난 큰 연못 안에 일부러 둥근 섬을 만들었고, 경회루 누각 건물 아래 기둥들도 바깥 기둥은 사각기둥인 반면 안쪽 기둥은 원기둥으로 만들었다. 창덕궁의 후원에 있는 연못 부용지芙蓉池도 네모난 연못 안에 둥근 섬을 만들었다. 사각형의 연못은 땅을 상징하고 가운데 원형의 섬은 하늘을 뜻한다.

또한 서울 중구의 조선호텔 뒷편에 있는 환구단은 1897년 고종이 황제로 등극하면서 하늘에 제사를 지내기 위해 지은 건물이기 때문에 둥글게 지어졌고 땅에 제사를 지내는 사직단은 사각형으로 지어졌다. 아울러 상평통보와 같은 엽전에도 하늘을 상징하는 둥근 모양에 땅을 상징하는 사각의 구멍을 함께 담은 것도 이런 이유 때문이다. 경복궁은 임금이 공식 행사를 하는 근정전勤政殿, 업무를 보는 사정전思政殿, 임금의 침실인 강녕전康寧殿, 중전의 침실이자 부부 공간인 교태전交泰殿 등으로 이루어져 있다.

성군 리더십

동서고금을 통틀어 인(仁)과 덕(德)으로 나라의 골격을 세우고 문(文)과 예(禮)로써 국
정의 표준을 만든 왕으로 세종대왕을 따를 만한 리더는 없다. 경연 때는 겨울산과 같이
엄숙했으나 신료들을 대할 때는 봄날의 들과 같이 평온하였고, 새로운 것을 창제할 때
는 여름의 태양과 같이 열정적이었으나 백성을 대할 때는 가을 하늘의 구름같이 부드
러웠던 임금 세종. 그런 성군(聖君)과 더불어 31년 6개월 동안 함께한 조선의 백성들은
행복했다.

4

성군聖君 리더십
- 세종世宗과 한글창제

맹자는 '왕이란 덕德으로 인仁을 행하는 사람'이라고 했다. 왕과 상대되는 개념이 패覇인데, 패는 무력으로 나라를 다스리는 사람을 의미하고 왕은 무武가 아닌 문文으로 다스리는 사람이라는 뜻이다. 동서고금 역사를 통틀어 인仁과 덕德으로 나라의 골격을 세우고 문文과 예禮로써 국정의 표준을 만든 왕을 꼽으라면 단연 세종대왕이 독보적이라 할 것이다.

태종과 원경왕후, 그리고 선위禪位

세종대왕은 1397년 아버지 태종 이방원太宗 李芳遠과 어머니 원경왕후 민씨元敬王后 閔氏 사이에서 4형제 중 셋째로 태어났는데, 사이가 틀어진 아버지와 어머니 때문에 평생 동안 마음이 편치 못했다.

오른쪽 사진은 태종과 원경왕후가 묻힌 헌릉獻陵으로 서울특별시 서초구 내곡동에 위치해 있다. 왼쪽에 있는 것이 태종의 능이고 오른쪽 멀리

《조선 태종과 원경왕후 민씨의 헌릉(獻陵)》
서울특별시 서초구 내곡동 소재

보이는 것이 원경왕후의 능이다.

능에서는 두 사람이 사이좋게 나란히 누워있지만 살아생전에는 부부
의 갈등이 이루 말할 수 없을 정도로 깊었다. 그 이유는 태종이 처남들을
비정하게 죽여 부인인 원경왕후로부터 돌이킬 수 없는 원한을 샀기 때문
인데, 여기에는 그만한 까닭이 있었다.

왕자의 난으로 보위에 오른 태종의 입장에서는 부인 원경왕후 민씨와
처남 네 명이 고마운 공신功臣이었음과 동시에 정치적으로는 부담스러운
짐이었다.

태종 이방원은 당태종 이세민을 무척 존경했다. 그래서 묘호도 태종太
宗을 원했을 만큼 당태종의 많은 것을 닮고 싶어했지만 한 가지 절대 따

라하고 싶지 않은 것이 있었으니 그것은 다름아닌 처남 관리였다. 이세민이 부인 장손황후의 유언을 저버리고 처남 장손무기에게 너무 많은 힘을 실어주면서 급기야 훗날 측천무후를 낳게 되는 비극을 불러일으킨 것을 태종 이방원은 잘 알고 있었다. 그래서 이를 반면교사反面教師로 삼아 민씨네 형제를 모두 처형해 외척을 견제하려 하였고, 남동생 네 명이 눈앞에서 죽어가는 것을 보고만 있어야 했던 원경왕후의 눈에는 남편이 괴물로 보였다. 급기야 왕과 왕비는 끝없는 갈등을 되풀이했고, 세종의 지극한 노력에도 불구하고 끝내 관계를 회복하지 못하고 서로에게 많은 한을 남긴 채 세상을 떠났다.

이처럼 아들로서는 힘든 나날이었으나 임금으로서 세종의 일생은 실로 찬란했다. 역사가 평가하는 세종의 가장 큰 업적은 훈민정음訓民正音 창제를 필두로 한 과학기술의 발전이고, 리더로서 세종의 가장 큰 덕목은 인재 등용과 애민정신愛民精神이라 할 수 있다. 모두가 잘 알다시피 세종은 원래 임금이 될 사람이 아니었다. 양녕대군讓寧大君과 효령대군孝寧大君이라는 두 명의 형이 있었기에 셋째인 충녕대군忠寧大君까지는 왕이 될 기회가 올 확률이 거의 없었다. 하지만 아버지 태종은 어려서부터 영특했고 제왕의 품격을 지녔던 셋째를 눈여겨 보았고, 동시에 충녕의 영특함 때문에 초래될 수도 있을 화禍 또한 아버지로서 걱정하지 않을 수 없었다.

책 읽기를 워낙 좋아했던 충녕은 특히 제왕학인 대학大學을 즐겨 읽었다. 태종은 이것이 걱정되었고 급기야는 충녕이 읽던 책을 모두 빼앗아 버렸는데, 이는 충녕이 세자인 양녕과 그를 따르는 신하들로부터 받게 될 의심을 사전에 차단하기 위함이었다.

큰 아들 양녕대군은 대통을 이을 세자였기 때문에 처음에는 양녕대군이라는 군호君號가 없었다. 원래 세자는 'ㅇㅇ대군'이라는 군호 없이 'ㅇㅇ세자'로 불린다. 따라서 양녕대군으로 불렸던 것은 세자의 자리에서 쫓겨난 이후부터다. 14년 동안 세자로 지내면서 수없이 많은 파행을 저질렀던 세자 이제李褆는 이미 태종의 차기 구도 계획에서 제외되어 내쳐질 위기에 처해졌지만 신하들의 간곡한 권유로 가까스로 마지막 기회를 얻었다. 그것은 바로 종묘의 태조 신전 앞에서 잘못을 빌고 새 사람으로 거듭날 것을 맹세하여 스스로 개과천선하는 것이었다.

하지만 종묘의 신전에서 뉘우친 것도 잠시, 또 다시 원래의 행실로 되돌아간 세자를 태종은 망설임 없이 내치고 곧바로 셋째를 세자로 책봉하니 그날이 1418년 음력 5월 2일이었다. 황희를 필두로 수많은 신료들이 반대했지만 태종은 강행했다. 그리고 이틀 후인 5월 4일에 태종은 폐세자된 큰 아들에게 양녕讓寧이라는 군호를 지어주었다. 이는 곧 임금이 될 셋째에게 주는 메시지로써, 큰형님은 세자에서 쫓겨난 것이 아니라 양보한 것이므로 셋째는 임금이 되더라도 형님 대접을 극진히 하라는 순수한 아버지의 마음이 담겨 있는 군호였다. 그리고 태종은 충녕을 세자로 책봉하고 석 달 후인 1418년 8월 10일, 아들의 눈물 어린 사양과 간청에도 불구하고 세자에게 친히 익선관을 씌워주며 스스로 선위禪位하니 생전에 보위를 양위한 유일한 조선의 임금이 바로 태종이다.

하지만 새로운 임금인 세종의 일상은 가시밭길의 연속이었다. 그는 스물두 살의 젊은 나이로 보위에 올랐으나 임금이 되고 난 뒤 4년 동안 극심한 가뭄으로 하루도 마음 편한 날이 없었다. 세종과 더불어 심적 고통이 상당했던 또 한 사람이 아버지 태종이었다. 신료들의 엄청난 반대를 무릅쓰고 세종에게 보위를 물려준 1418년부터 가뭄이 계속되면서 양녕대군을 지지하던 세력이 가뭄의 원인을 천리天理를 어긴 태종의 독단과 새 임금 세종의 자질 부족으로 몰아갔기 때문이었다.

세종과 더불어 4년간 고통받던 태종은 1422년 음력 5월 10일 승하하는데, 마지막 날 태종이 남긴 유언이 특별하다. 태종은 자신의 마지막이 도래한 것을 직감하고는 주요 인물들을 불러 국가 운영을 당부한 후, 자신이 죽는 오늘 이날만큼은 귀신이 되어 하늘로 올라가면서 비를 원 없이 내리게 하고 싶다는 말을 남기고 숨을 거뒀다. 그리고 다음 날 새벽 장대비가 쏟아지니 농번기에 극심한 가뭄으로 고생하던 백성들은 맨몸으로 뛰쳐나와 눈물로 비를 맞이했다고 한다. 이후 사람들은 이 비를 태종이 내리는 비라는 의미로 태종우太宗雨라고 불렀고, 이후 농번기인 음력 5월 10일에는 어김없이 이 비가 내려 백성들의 시름을 덜어줬다고 한다.

한글 창제와 과거시험

조선의 표준을 만들고 문화의 르네상스를 이룩한 성군 세종의 업적은 실로 대단하지만 그 중에서도 단연 돋보이는 업적은 새로운 문자, 즉 '훈민정음'이다.

국보 제70호이며 유네스코 세계기록유산인 ≪훈민정음 해례본解例本≫은 성삼문, 박팽년, 정인지 등 집현전 학사들이 한글의 원리와 용법을 상세하게 설명해 놓은 해설서다. 이 해례본이 발견되기 전에는 한글 학자들도 한글 창제의 원리를 파악할 수 없었다. 한글은 인체의 발음 기관을 본

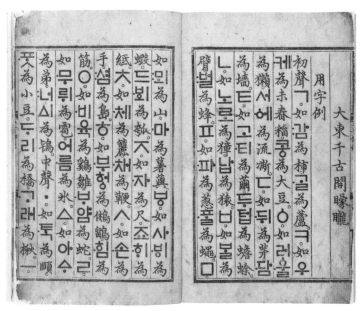

《훈민정음 해례본(解例本)》 국보 제70호, 1446년
간송미술관 소장 및 이미지 제공

떠 만든 보기 드문 문자이며 또한 창제자와, 창제 목적, 활용법, 문자의 창
제 과정 등을 알 수 있는 인류 유일의 문자다. 이 해례본이 1940년 경북
안동에서 발견되었고 간송澗松 전형필全鎣弼은 기와집 열 채 값을 지불하고
구입, 일제의 감시를 피해 베개 속에 감춰 보관했다. 이 해례본의 발견을
통해 훈민정음이 1446년 음력 9월 상한上限; 10일에 반포되었음을 비로소 알
게 되었고, 해례본을 발견한 해인 1940년도의 음력 9월 10일이 양력으로
10월 9일이어서 그날이 '한글날'이 되었다.

　세종대왕이 새로운 문자를 만들게 된 가장 큰 이유는 글을 모르는 평
민들이 탐관오리와 양반들의 계략에 의해 지속적으로 노비로 전락하니

〈화투의 비쌍피〉

한시바삐 이를 막을 제도적 보완이 필요했기 때문이었다. 이러한 부조리는 인권면에서도 있을 수 없는 일이었지만, 임금의 입장에서는 하루에도 수십 명 씩 일반 상민이 노비로 전락하는 불합리한 구조를 막아야만 하는 특단의 조치가 절실했다. 당시 노비는 사람이 아닌 관계로 병역과 납세의 의무에서 제외되어 있었는데, 세종은 나날이 늘어나는 노비로 인해 종국에는 나라의 재정이 파탄나고 국방이 무너지는 상황을 우려했다. 그래서 기본적인 글을 알게 되면 백성들이 스스로의 권리를 지킬 수 있게 됨은 물론이고 억울하게 노비로 전락하는 사태를 막을 수 있으리라는 기대로 새로운 문자를 만들게 되었다.

위의 그림은 화투의 '비쌍피'인데, 이 그림을 이해하면 세종이 한글을 만들었던 또 다른 이유를 조금이나마 알 수 있다. 이 그림에서 검정색으로 나뉘어져 있는 것은 싸립문이다. 때는 늦가을로 접어들고 있고, 안마당을 깨끗하게 비질로 청소한 후 싸립문을 살짝 열어놓은 전형적인 가을 아침 풍경을 그린 것이다.

조선시대 때는 고조부 이래로 본인까지 4대에 걸쳐 과거 급제자나 벼슬자가 없으면 양반의 지위를 상실했다. 조선 전체 인구의 약 5% 정도를 차지했던 양반만 비단옷과 도포를 입고 가죽신을 신을 수 있었다. 그리고 길에서 양반을 만나면 길가로 물러서서 머리를 조아려야 했다. 그런 이유로 사람들은 죽어서라도 벼슬을 하고 싶어 했고, 그래서 생전에 벼슬을 하지 못하고 죽은 사람의 장례를 치를 때 신주에 벼슬의 말단인 9품 벼슬 '유인傭人'을 적어 넣는 이유가 바로 이것 때문이었다.

그토록 벼슬을 하고 싶어 하는 사람을 뽑는 공식 시험이 바로 과거科擧였다. 조선시대 과거는 3년에 한 번씩 치렀는데 이것을 식년시式年試라 했고, 알성시를 비롯해 때에 따라 실시하는 비정기 시험을 별시別試라 불렀다.

과거시험의 문과는 흔히 생원시나 진사시로 불리는 소과小科와 대과大科로 구분되었다. 당시 법적으로 자격이 없는 일부를 제외하고는 백성들 누구나 과거 시험을 볼 수 있었다. 법적으로 금지된 사람은 양인良人들 중 범죄자의 아들이거나, 재혼한 여자의 아들 혹은 손자, 서얼의 아들이나 손자, 노비나 백정 등의 천민이었다.

대과는 1차 시험인 초시初試, 2차 시험인 복시覆試, 그리고 임금 앞에서 직접 치르는 3차 시험인 어전시御前試로 나뉜다. 초시는 보통 가을에, 어전시는 그 이듬해 봄에 치르는 것이 통상적인 관례였다. 보통 초시에서 약 240~250명 정도를 뽑았고, 어전시에서는 최종 합격자 33명을 뽑아 성적에 따라 관직과 벼슬을 부여했는데 갑과甲科 1등을 흔히 장원급제壯元及第라 불렀다.

하지만 초시에서도 관시館試에서 뽑는 성균관 유생 50명과 한성시 40명을 제외하면 한양을 제외한 조선팔도에서 뽑는 초시 합격자는 대략 150명 정도에 지나지 않았다. 전국에 수령이 다스리는 고을 수가 약 300여 개 있었으니, 평균적으로 3년에 한 번씩 두 고을에서 한 명의 초시 합격자가 나오는 셈인 것이다. 하늘의 별따기라는 말은 이를 두고 하는 말일 것이다. 따라서 이 초시를 통과해서 어전시까지 치른 사람이라 하면 그는 말 그대로 하늘이 내린 인재라고 할 수 있었다.

화투의 비쌍피 그림은 식년 가을에 초시를 치른 선비가 합격을 기원하는 간절한 마음과 정결한 몸으로 안마당을 쓸고 동구 밖까지 깨끗하게 비질한 다음 합격 통지서를 가지고 오는 관원을 기다리며 싸립문을 살짝 열어 놓은 채 2차인 복시를 공부하고 있는 그림이다.

과거에 합격하기란 그야말로 어려운 일이었기에 좋은 환경과 머리, 그리고 경제력이 동시에 뒷받침되지 않는 사람에게는 불가능에 가까운 일이었다. 그래서 결과적으로 과거시험에서는 합격하는 가문만 합격하게 되는 부익부 빈익빈 현상이 심화되었고, 관직과 벼슬은 유력한 몇몇 가문에게만 편중되어 독점화되다시피 했다.

또한 그들은 정략결혼으로 서로의 권리를 옹호하는 카르텔을 형성해서 강력한 신권臣動을 형성했고, 이 신권 세력들은 양녕대군을 중심으로 하는 세력으로 모여들어 자신들의 기득권을 보장받으려 했다. 세종은 임금이 되었지만 앞날은 캄캄하기가 이루 말할 수 없었다. 개국 초기라 왕권은 다져지지 않았고 국가 정비를 위해 해야 할 일은 산적해 있었는데 이를 처리하고 수행할 인재는 턱없이 부족했다.

창의적인 사고력으로 과학 기술을 진흥시킬 인재가 필요했지만 그들은 어려운 과거시험을 통과할 수가 없었고, 장영실 같은 인물은 관노였기에 시험을 볼 수 있는 자격조차 없었다. 아버지에 의해 큰형 대신 보위에 오른 스물두 살의 어린 임금은 자기와 함께 미래 비전을 펼쳐 나갈 참신한 인재를 필요로 했고, 나아가 이 창의적인 인재를 등용하기 위해 보다 문턱이 낮은 시험제도의 필요성을 절감했다. 이것이 바로 새로운 문자인 훈민정음을 창제한 또 다른 중요한 이유였다. 하지만 이처럼 문턱이 낮은 시험제도와 새로운 문자 창제가 기득권 세력의 엄청난 반발을 초래할 것을 예견했던 세종은 어두운 창고에서 비밀리에 훈민정음을 창제하게 되었고, 이로 인해 말년에는 눈이 짓물러 앞에 앉은 신하의 얼굴도 확인할 수 없을 정도로 시력이 악화되었다.

마음을 움직이는 감성感性의 리더

리더로서 세종의 탁월한 능력 중 하나가 신하의 마음을 사로잡는 감성이었다. 어쩌면 세종의 이 감성 리더십 때문에 서른 살 이상 나이 차이가 나는 황희나 맹사성 같은 노신老臣들을 훌륭하게 이끌 수 있었는지도 모른다. 성군聖君곁에 명신名臣들이 넘쳐나듯 세종 곁에는 뛰어난 신하들이 많았다. 허조, 김문, 조말생, 윤회, 변계량 등 학문과 예학에 정통한 신하들이 줄을 이었는데 그 중 예학禮學에서는 이조판서 허조許稠를 따를 자가 없었다. 세종이 스물여덟 살 되던 해인 1424년 종묘에서 신년 대제를 지내게 되었는데, 이때 허조는 신神께 술잔을 올리는 세종 옆에서 술을 따르며 잔을 건네주는 찬작관贊爵官 역할을 맡게 되었다. 당시 허조는 환갑의 나이에 몸이 불편한 상태였다. 엄숙한 분위기 속에서 한창 신관례晨祼禮와 천조례薦俎禮가 진행되고 있을 때 술을 따라 잔을 세종에게 건네려던 허조가 그만 정전正殿 계단에서 미끄러져 굴러 떨어졌고 동시에 그가 들고 있던 술잔도 돌바닥에 나뒹구는 사건이 발생했다.

제祭를 올리던 문무백관들 모두 아연실색해서 어쩔 줄 모르고 당황해

〈허조가 미끄러진 종묘 정전 계단〉
서울특별시 종로구 종묘 소재

하고 있을 때 세종이 침착하게 "이판이 다치지 않았느냐?"며 오히려 허조
의 몸을 걱정하며 물었다. 그러고는 이어서 "계단이 좁아서 이런 불상사
가 일어났다. 계단을 넓혀 차후에는 또 다시 몸을 상하는 일이 없도록 하
라"라고 하명했고 그 자리에 있던 문무백관들은 젊은 성군의 마음 씀씀
이에 가슴 깊이 감동했다.

발분망식發憤忘食의 학문정진

세종의 자기계발은 한마디로 발분망식發憤忘食, 즉 '끼니를 잊을 정도로
학업에 열중하고 몰두하는 것' 그 자체였다. 세종은 끊임없는 학습과 토
론으로 제왕의 품격을 높여갔으니 신료들 중에서 학문으로 세종에 비견

할 사람은 변계량과 윤회 정도밖에 없었다.

조선의 임금은 하루에 세 번 경연관經筵官; 임금의 학업을 돌보는 신료들로 중종 때의 조광조 같은 인물들과 함께 학문에 정진해야 했다. 아침에 하는 경연을 조강朝講, 점심에 하는 경연을 주강晝講, 저녁에 하는 경연을 석강夕講이라 한다. 그래도 부족하다 싶으면 밤에도 경연을 하는데 이를 야대夜對라고 했다. 조선의 임금들은 누구보다 많은 공부를 해야 했으며 이에 대한 스트레스도 많았다. 이런 연유로 인재육성의 필요성을 느낀 세종은 집현전을 강화하고 학자들의 학문 증진에 온 힘을 기울였다. 재미있는 것은 조선시대 최고의 엘리트 집단인 집현전에서의 최장 근무자는 한글의 창제를 극구 반대했던 최만리였는데 그의 근무연수는 22년에 달했다. 조직원의 업무역량과 개인적인 호불호를 별개로 바라볼 줄 아는, 리더로서 최고의 경지라하지 않을 수 없다.

세종은 그러했다. 경연 때는 겨울산과 같이 엄숙했으나 신료들을 대할 때는 봄날의 들과 같이 평온하였고, 새로운 것을 창제할 때는 여름의 태양과 같이 열정적이었으나 백성을 대할 때는 가을 하늘의 구름같이 부드러웠던 임금 세종. 그런 성군聖君과 더불어 31년 6개월 동안 함께한 조선의 백성들은 행복했다.

모란과 나비

화투에서 6월을 뜻하는 빨간꽃은 모란이다. 목단牧丹이라고도 하는 모란은 옛날부터 부귀영화富貴榮華를 상징해왔다. 옛날에는 부富와 귀貴를 동시에 가질 수 있는 존재는 왕이 유일했고, 따라서 모란은 자연적으로 왕을 의미하는 꽃이 되었다.

〈화투의 모란〉

우리 역사에서 모란에 관한 기록은 선덕여왕과 당태종 이세민의 일화에서 비롯된다. 당태종 이세민이 어느 날 선덕여왕에게 모란꽃 그림과 함께 씨앗을 보내왔다. 그림을 한참 들여다보던 선덕여왕이 "나중에 이 꽃은 피더라도 향기가 없겠구나"라고 했다. 그리고 씨를 뿌려 모란이 피었는데 정말 향기가 없어서 신하들이 선덕여왕에게 그것을 어떻게 알았느냐고 물었더니 "꽃 그림에 나비가 없어서 그러리라 짐작했었다"라고 대답했다는 유명한 일화가 있다. 그래서 혹자들은 남편이 없는 신라의 여왕을 나비가 없는 모란에 비유해서 당태종이 선덕여왕을 희롱하기 위해 그림을 보낸 것이라고 얘기하기도 한다. 하지만 역사는 이세민을 그 정도의 졸장부로 평가하지는 않는다.

당태종 이세민은 고구려를 침략해 안시성 전투에서 양만춘 장군에게 화살을 맞고 퇴각했던 일로 일생의 큰 오점도 남겼지만, 중국인들이 자신들의 역사에서 가장 큰 자부심을 느끼는 '당(唐)의 황금시대'를 열었던 황제이면서, 한고조 유방과 조조의 장점을 동시에 가진 최고의 황제라는 평가에 거의 이견을 두지 않는 인물이다. 그래서 태종 이방원도 승하하던 날인 1422년 음력 5월 10일에 남긴 두 가지 유언 중 하나가 자신의 묘호를 태종으로 하라는 것일 정도로 이세민을 존경하고 그의 정치 철학을 많이 따랐다.

그런 당태종이 아무런 이유 없이 신라의 여왕을 희롱하기 위해 모란을 보냈다는 얘기는 설득력이 부족하다. 더구나 중국 모란은 원래 향기가 약해 나비가 많이 찾는 꽃이 아니다. 오히려 이세민은 이 선물을 보내면서 선덕여왕을 모란에 비유하며 신라에서 부귀영화를 가진 유일한 존재인 왕으로 인정하는 의미가 아니었을까 싶다. 그 뒤 모란은 사가私家의 여자들에게도 환영받는 부귀영화의 상징이 되었다. 간혹 사극

唐太宗 李世民

〈당태종(唐太宗) 이세민(李世民)〉

드라마나 영화를 보게 되면 양반댁 규수가 밤늦도록 호롱불 앞에 앉아 빨간 무늬의 무언가를 수놓는 장면이 나오는데 그때 놓고 있는 수가 바로 모란이다. 혼인식날 초야初夜를 치를 때 이렇게 정성스럽게 수놓은 모란천을 벽에 걸어놓고 첫날밤을 지내면 평생 부귀영화를 누린다는 믿음이 있을 정도로 모란은 궁궐에서나 사가에서나 신성시되는 꽃이었다.

이 모란 그림이 일본에 건너가 6월을 상징하는 화

투의 배경 그림이 되었다.

화투에서 모란 밑에 보이는 나비는 향기 때문에 날아온 것이 아니다. 예로부터 중국에서는 나비 [蝶접]을 '디에'라고 불렀다. 그런데 중국어로 똑같이 '디에'라고 발음되는 글자가 [耋질]이다. '지극하게 늙었다'는 뜻으로 옛날부터 중국에서는 장수의 최고 상징인 아흔 살90세을, 조선에서는 여든 살80세을 의미했다. 그래서 중국과 우리 땅에서는 '디에'라고 하면 '나비'와 동시에 장수의 상징인 '아흔 살/여든 살'을 뜻하게 되고, 모란과 나비를 함께 그려서 선물을 하게 되면 아흔 살/여든 살까지 오래 살면서 부귀영화를 누리라는 뜻의 가장 좋은 선물로 받아들여졌다.

그런데 나비를 그린 그림에는 보통 고양이가 초대 손님으로 등장하는 경우가 많다. 고양이를 뜻하는 [猫묘]자는 중국에서 '먀오'라고 읽는다. 중국에서는 옛부터 '먀오'라고 발음되는 것에는 고양이도 있지만 '여든 살'을 뜻하는 [耄모]라는 글자도 있었다. 그래서 중국에서 '먀오'는 '고양이'와 함께 장수의 상징인 '여든 살'을, 조선에서는 '일흔 살'을 뜻하는 말이 되었고, 모란 그림에 고양이와 나비를 함께 그려 선물하면 여든 살, 아흔 살까지 오래오래 살면서 부귀영화를 누리라는 최고의 축원 선물이 되었다.

오른쪽의 그림은 김홍도가 그린 〈황묘농접도黃猫弄蝶圖〉다. 노란 고양이가 검은 나비를 올려다 보고 있다. 앞서 고양이는 일흔 살을, 그리고 나비는 여든 살을 상징한다고 했다. 아마도 이 그림을 받을 주인이 나이가 지긋한 사람같은데, 그림의 내용대로 일흔 살을 넘어 여든까지 장수하시기를 기원한다는 내용을 담고 있다. 그리고 고양이 발 아래에 있는 녹색꽃은 제비꽃이다. 제비꽃은 옛날부터 여의초如意草라 불렀는데, 마음먹은 대로 일이 잘 풀리기를 바란다는 의미를 담고 있다. 그래서 이 그림에는 일흔을 넘어 여든까지 오래오래 살면서 뜻하는 모든 일이 잘 풀리기를 바란다는 메시지가 담겨있는 것이다.

그런데 이 그림에서는 잘 보이지 않지만 고양이 그림을 선물할 때는 반드시 확인해야 할 것이 있다. 그것은 바로 그림 속의 고양이 눈동자가 둥글거나 펑퍼짐하면 안 된다는 것이다. 고양이는 양陽의 기운이 충만한 시간정오에 가까워질수록 눈동자가 세로로 가늘게 변한다. 빛의 양을 조절하려는 건강한 고양이의 자연스러운 동공 변화

〈황묘농접도(黃猫弄蝶圖)〉 김홍도(金弘道) 作, 제작연도 미상

간송미술관 소장 및 이미지 제공

때문이다. 그래서 눈동자가 세로로 가늘수록 양의 기운이 충만한 건강한 고양이를 상징한다. 따라서 고양이를 그릴 때는 눈동자를 세로로 칼날처럼 가늘게 그려야 건강하게 오래 살라는 축원의 의미가 완성된다.

그런 고양이의 특성 때문에 임진왜란 당시에는 고니시 유키나가小西行長나 와키자카 야스하루脇坂安治같은 왜장들이 배 위에 고양이를 데리고 다니기도 했다. 그것은 시간을 알 수 없는 바다 위에서 고양이의 가늘어진 눈동자를 보며 시간을 측정코자 했던 이유에서였다.

애민 리더십

임금의 하늘인 백성, 그 백성들이 하늘로 여기는 첫 번째가 '먹을 것'이다. 그 '민생'의 해결을 위해 영조는 평생을 검소하고 절제된 모습으로 살았다.

영조는 백성들의 풍습을 바로잡기 위해 사치 풍조를 배척했으며 농업 장려를 통해 민생의 안정을 도모했을 뿐만 아니라 신문고 제도를 부활시켜 백성들의 고통에 귀를 기울였다. 그리고 언문이라 불린 훈민정음이 백성들 사이에서 본격적으로 사용된 것도 영조의 노력이 컸기 때문이었다. 무수리 소생의 영조는 출신의 비천함으로 인해 더할 수 없는 치욕을 당하면서도 '경천근민(敬天勤民)'의 마음으로 스스로를 더욱 채찍질했다.

5

애민愛民 리더십
- 영조英祖와 균역법均役法

영조英祖는 여든세 살까지 살아 조선의 왕 중 가장 장수하였고 재위 기간만 51년 7개월이었던 임금이다. 또한 비천한 무수리의 아들로 태어나 보위에 오른 드라마틱한 스토리를 가진 임금으로도 잘 알려져 있는 그는 실제 얼굴을 확인할 수 있는 몇 안되는 임금이고, 아들을 뒤주에 가둬 죽인 비정한 아버지로도 유명하다.

영조의 모친은 MBC 드라마 〈동이〉2010로 잘 알려진 무수리 출신의 숙빈 최씨淑嬪 崔氏다. 그녀는 무수리 중에서도 가장 고생이 심한 물 당번이었는데 하루에도 수십 번씩 우물물을 길어서 물지게에 지고 날라야 했고 또 그 물로 궁녀들 옷 빨래를 해야 했다. 겨울에는 빨래를 하고 나면 손이 얼어 감각이 없었기 때문에 바느질을 할 때 손가락을 찔리기 일쑤였다. '비천한 것보다 더한 비참함은 없고 가난한 것보다 더한 고달픔은 없다'는 옛말이 있듯이, 무수리 동이의 하루하루는 말할 수 없는 비참함과 고달픔의 연속이었다.

〈영조 어진(御眞)〉 보물 제932호, 채용신(蔡龍臣)·조석진(趙錫晋) 作, 1900년
국립고궁박물관 소장, 문화재청에서 이미지 제공

무수리 동이는 누비질을 할 때 바늘에 손을 많이 찔렸는데, 그 중에서도 촘촘하게 누비질하는 세누비 때 특히 많이 찔렸다고 한다. 훗날 이 얘기를 들은 영조는 눈물을 흘리며 가슴 아파했고 이후로는 평생 누비옷을 입지 않았다고 전해진다. 그리고 쌀밥과 고기를 보면 어머니 생각이 나서 목이 메여 평생 보리밥에 나물만 드셨다고 하는데 그 덕분에 여든세 살까지 장수하게 되었는지도 모를 일이다. 하지만 영조의 아들 사도세자思悼世子는 할머니 동이를 닮아서 체격이 크고 힘이 센 전형적인 무골이었다. 그래서인지 고기를 너무 좋아했는데 아버지 영조의 눈에는 고기를 좋아하는 아들이 평소 좋게 보이지만은 않았던 것 같다.

숙종과 장희빈

임금 영조와 그 시대적 상황을 이해하려면 먼저 숙종肅宗과 장희빈張禧嬪을 알아야 한다. 흔히 사람들은 '숙종'하면 '희빈 장씨禧嬪 張氏', 즉 장희빈을 가장 먼저 떠올리지만 숙종은 태종과 더불어 가장 강력한 왕권을 구축했던 임금 중의 한 명이다. 숙종은 여간해서 잘 웃지 않는 엄한 군주였는데 그래서였는지 묘호도 엄숙할 숙肅자를 써서 숙종이 되었다.

숙종은 14세의 어린 나이로 보위에 올라 붕당의 혼란 속에서 왕권을 강화했음은 물론 대동법의 전국적인 실시와 화폐 주조 및 백두산 정계비 건립 등 치적이 많은 임금이다. 장희빈의 본명은 장옥정으로 숙종의 승은을 입어 빈嬪까지 오른 여인이다. 빈이라 함은 내명부 품계 정1품으로 왕의 총애를 한몸에 받는 가장 높은 후궁을 말한다.

숙종이 보위에 오를 때 세상은 노론老論 천하였다. 숙종의 어머니 명성왕후 김씨明聖王后 金氏와 그녀의 사촌오빠 김석주를 중심으로 하는 노론 세력은 거의 모든 관직을 독점하고 정계를 좌지우지했었다. 여기에 숙종의 두 번째 부인인 계비繼妃 인현왕후 민씨仁顯王后 閔氏 또한 노론의 중심 세력이었다. 숙종은 이러한 구도에서 돌파구를 찾고 싶었고 그래서 등용한 인물이 장희빈이었다.

희빈 장씨를 가까이 한 이유는 장옥정의 타고난 미모에 마음을 빼앗긴 것도 있었지만 숙종의 또 다른 의도는 장희빈을 지지하는 세력들을 등용해서 노론을 견제하고 싶었던 것이었다. 남인南人과 소론少論 연합으로 구성된 이 세력은 거대 집권 세력인 노론을 물리치고 정계를 주도하고 싶어했다. 숙종은 이러한 정국을 정확하게 파악했고 또한 효과적으로 잘 활용했다. 어떤 때는 노론의 손을 들어주다가 또 어떤 때는 소론에게 힘을 몰아주는 등 양쪽을 적절히 견제하고 균형 있게 등용하여 왕권을 최대한 강화시켜 나갔다.

계속되는 정국의 소용돌이 속에서 중전 인현왕후가 1701년 8월에 심장병으로 죽고, 두 달 뒤인 10월에는 장희빈 역시 사사賜死되어 역사 속으로 사라졌다. 이후 숙종이 승하하자 장희빈과 숙종 사이에서 태어난 아들이 즉위하게 되는데 그가 곧 경종景宗이다.

경종은 어머니 장희빈을 지지하던 남인과 소론 연합 세력들의 지지를 받았다. 경종의 지원 하에 정국을 주도하던 남인과 소론은 노론과의 전쟁에서 비로소 우위를 점할 수 있었고 이에 위기를 느낀 노론 세력은 정국 타개를 위해 경종과 대적할 대항마를 세우니 그가 바로 경종의 이복동생인 연잉군훗날 영조이었다.

〈연잉군(延礽君)〉 진재해(秦再奚) 作, 1714년
국립고궁박물관 소장, 문화재청에서 이미지 제공

왕실에서 이복형제 간에 골육상쟁의 나날이 계속되다가 1724년 음력 8월 24일 경종이 급작스럽게 승하했다. 일설에는 이복동생 연잉군이 같이 먹으면 죽게 된다는 상극 음식인 생감과 게장을 경종 수라상에 올려 죽게했다는 얘기도 있지만 역사에서 그다지 신빙성 있게 받아들이지는 않는다. 이유야 어찌되었건 졸지에 주군을 잃은 남인과 소론 연합은 경종의 죽음에 대한 책임을 노론과 연잉군에게 몰아갔고 이 사건으로 이들은 돌아올 수 없는 다리를 건너게 되었다.

우여곡절 끝에 영조는 보위에 올랐으나 영조의 즉위식은 어수선함 그 자체였다. 노론 세력의 축하 속에 즉위식을 치르던 날, 남인과 소론은 행사 참여를 거부하고 옥새를 던지며 새로운 임금의 탄생 자체를 인정하지 않았다. 입술을 깨물어가며 힘든 즉위식을 치른 영조 앞을 가로막은 큰 과제는 바로 통합의 정치였다.

당파를 초월한 인재 등용으로 통합의 정치를 꿈꾸는 영조에게 소론 강경파는 쉽게 마음을 열지 않았다. 당시 소론 세력을 이끌던 김일경은 편전회의에서 영조와 격렬한 언쟁을 벌이며 '나으리'라는 호칭으로 영조를 자극했다. 현직 임금 면전에서 '전하'가 아닌 '나으리'라는 호칭을 썼던 인물은 역사에서 단 두 사람밖에 없는데, 그 한 사람이 세조 시절의 성삼문이고 나머지 한 사람이 김일경이다.

1456년 음력 6월 1일, 단종 복위를 도모하다 의금부에 잡혀온 성삼문은 친국親鞫하는 세조 면전에서 '전하'가 아닌 '나으리'라고 불렀고 이후 이 사건은 식자들 사이에서 충의忠義의 표본으로 회자되어 왔다. 성삼문 이후 두 번째로 임금에게 나으리라고 불렀던 사람이 바로 김일경이다. 그는

1724년 10월 편전회의에서 이제 막 보위에 오른 새 임금 영조에게 "나으리. 선대왕께서 비천한 무수리와 하룻밤 지냈다 하여 낳은 아들이 나으리라는 법이 있습니까?"라고 소리를 높였다.

여기서 선대왕은 숙종을, 비천한 무수리는 영조의 모친 동이를 뜻한다. 김일경의 이 말은 출신의 비천함을 넘어 영조의 출생을 의심하는 말이기도 했다. 김일경이 왜 영조를 '나으리'라고 불렀을까? 그것은 아마도 자기 자신은 성삼문이고 새 임금 영조는 조카를 몰아내고 보위를 도둑질했던 세조라는 말을 하고 싶었던 것이다.

다시 말해 '영조 당신은 세조와 똑같이 우리 임금 경종을 죽이고 보위를 도둑질한 사람이고, 나 김일경은 이에 항거한 충신 성삼문'이라는 말을 하고 있는 것이다.

사도세자와 노론의 대결

이처럼 소론과 남인 연합으로부터 인정받지 못하고 있던 영조에게 또 다른 고민이 하나 생기기 시작했는데, 그것은 바로 아들 사도세자의 예상치 못한 행동이었다. 사도세자는 후궁인 영빈 이씨映嬪 李氏 소생이었는데, 영조가 열한 살 때 혼인해서 예순세 살까지 평생을 함께했던 부인 정성왕후 서씨貞聖王后 徐氏와의 사이에서는 자식이 없었다. 궁에서는 서자 왕자일지라도 세자로 책봉되면 중전의 양자로 입적하여 호적상으로나마 적자로 만드는 것이 관례였다. 사도세자가 바로 그런 경우였는데, 사도세자가 정성왕후 서씨의 아들로 입적되면서 정성왕후는 따뜻한 관심과 배려로 그를 보살피며 영조와의 사이에서 원활한 부자관계를 위해 많은 노력을 했다. 그러던 중 영조가 63세 되던 해인 1757년 3월에 중전인 정성왕후가 죽고난 후 부자간의 갈등이 표면화되기 시작했다.

사도세자의 이해할 수 없는 여러 기행이 아버지를 분노케했지만 영조가 가장 마음에 들지 않았던 것은 아들 사도세자가 경종의 지지세력이었던 남인 및 소론세력들과 어울리는 것이었다. 사도세자 입장에서는 그러한 교류가 할아버지 숙종이 했던 것처럼 노론의 전횡을 막는 동시에 당파의 균형을 도모해서 미래의 왕권을 강화하기 위한 방편의 일환이었으나 영조는 자기를 부정하는 사고를 가진 사람들과 교류하고 또한 그들의 지지를 받는 아들이 마음에 들 리가 없었다. 정성왕후가 죽고 난 후 약 3년 동안 긴장감이 지속되던 부자관계는 영조가 새로운 중전을 맞이하면서 엄청난 비극으로 치닫게 되었다.

66세의 노인 영조는 더 이상 국모의 자리를 비워둘 수 없다는 노론들의 요구에 떠밀려 젊은 중전을 맞이하게 되니 그녀가 바로 조선의 3대 악후惡后인 정순왕후 김씨貞純王后 金氏다. 노론인 영돈녕부사 김한구金漢耇의 딸이었던 정순왕후는 당시 열다섯 살이었다. 다른 경쟁자 두 명과 함께 최종 관문인 삼간택 자리에서 경합하다 영조가 던진 질문 "세상에서 가장 아름다운 꽃이 무엇인가?"에 대해 '목화'라고 대답하여 영조의 마음을 빼앗아 중전이 되었다. 노론세력의 첨병 열다섯 살 소녀는 그렇게 예순여섯 살 임금의 부인이자 스물다섯 살 세자의 계모로 궁에 들어왔고 이후 영조와 사도세자와의 갈등은 더욱 깊어지게 되었다.

부자 간의 불화를 조성하던 정순왕후에게 어느 날 결정적인 기회가 찾아왔다. 사도세자가 아무런 얘기없이 보름동안 행방불명된 것이었다. 궁

〈사도세자가 묻힌 융릉(隆陵)〉
경기도 화성시 안녕동 소재

에서 세자는 절대로 임금의 시야에서 사라지면 안 된다. 천륜으로는 부자지간이지만 권력론으로 보면 가장 위험한 라이벌이기 때문이다. 그래서 세자는 아침, 저녁으로 아버지 침소에 찾아가서 문안인사 올리는 것을 빠뜨리지 않는데 이것은 효의 실행이라는 의미도 있지만 오늘 하루 어디가서 딴짓하지 않았고 지금 여기 대령해 있다는 일종의 군대 점호와도 같은 의식인 것이다. 그런 불문율을 깨고 사도세자가 보름 동안 말없이 사라져서 평양 유람을 다녀온 것이었다. 이 기회를 놓칠 리 없는 어린 중전은 영조에게 사도세자가 역모를 꾀한다고 부추졌고, 이에 더불어 노론의 사주를 받은 나경언羅景彦이 사도세자를 탄핵하는 투서를 하는 바람에 사도세자는 영조 앞에 끌려와서 무릎 꿇고 대죄하게 되었다.

격노한 영조는 뒤주를 가져오라 명했고, 이어 그 뒤주 안에 들어가라고 했다. 무더웠던 1762년 음력 5월 22일, 어머니 정성왕후의 혼전魂殿이었던 창경궁 휘령전 앞뜰에서 스물여덟 살의 아들은 아버지의 노기를 이기지 못하고 결국 스스로 뒤주 안에 들어가게 되었고, 사도세자는 이렇게 비운의 생을 마감하고 말았다.

그래서일까? 왼쪽 사진처럼 사도세자가 묻힌 융릉은 능침이 정면에 보이는 정자각과 일직선상에 있지 않고 오른쪽으로 비껴나 있다. 정조가 보위에 오른 후 배봉산 자락에 있던 사도세자의 무덤을 이곳으로 천장하면서 뒤주 안에서 8일 동안 갇혀있다가 돌아가신 아버지가 정자각이 앞을 가려 돌아가서서도 답답해할까 봐 걱정한 배려였다.

경천근민敬天勤民의 시작, 탕평책과 균역법

역사가들이 영조의 업적을 논할 때 가장 먼저 언급하는 것이 '탕평책蕩平策'과 능력이 있으면 당파를 가리지 않고 등용하는 '유재시용惟才是用'이다. 탕평책은 '어느 특정한 당黨과 파派에 따라 인재를 발탁하는 것이 아니라 형평과 조화를 위주로 인재를 등용하고 권력을 나눠 갖게 한다는 것'이 그 근본 취지다.

가령 영의정을 노론이 차지하면 좌의정을 소론에서 등용하고, 이조판서에 소론 인물이 등용되면 병조판서를 노론 인사에게 주는 식이었다. 이런 시스템을 쌍거호대雙擧互對라 하는데, 이를 위해서는 각 당파의 이해관계를 중재하려는 노력과 의지, 그리고 그로 인한 갈등 관리의 기술이 무엇보다 우선적으로 필요했다. 이러한 영조의 인재 활용이 보편화되면서 이후 초야에 묻혀있던 선비들이 대거 출사하기에 이른다. 아울러 영조는 백성들의 풍습을 바로잡기 위해 사치 풍조를 배척했으며, 농업 장려를 통해 민생의 안정을 도모했을 뿐만 아니라 신문고 제도를 부활시켜 백성들의 고통에 귀를 기울였다.

그리고 언문諺文이라 불린 훈민정음이 백성들 사이에서 본격적으로 사용된 것도 영조의 노력이 컸다. 무수리 소생의 영조는 출신의 비천함으로 인해 더할 수 없는 치욕을 당하면서도 '경천근민敬天勤民' 즉, 하늘을 공경하고 백성을 위해 부지런히 힘쓰는 임금으로 스스로를 더욱 채찍질했다.

흔히 영조의 3대 업적으로 손꼽는 것이 탕평책 실시, 청계천 준설, 그리고 균역법 실시다. 당시 조선시대 백성들의 2대 의무는 납세納稅와 군역軍役이었다. 납세는 나라에서 백성들의 재산과 수입에 대해 부과한 세금을 납부하는 것이고, 군역은 특정 나이대의 남자가 부담해야 하는 국방의 의무를 말한다. 군포軍布라 하여 신역身役 대신 돈이나 옷감으로 납부할 수도 있었는데, 조선 후기에는 이 군역이 백성들에게 엄청난 부담이 되었다. 학교에서 역사 시험 문제로 자주 나왔던 '황구첨정黃口簽丁'이나 '백골징포白骨徵布'가 바로 그것인데, 어린 아이들이나 죽은 사람에게까지 군역을 부과해서 받아가는 바람에 민초들의 삶은 고단하기 그지 없었다.

그래서 영조는 백성들의 부담을 덜어 주고자 1751년 9월 균역법을 시행하여 모든 군포의 양을 절반으로 경감했으며 이에 부족한 부분은 어염세漁鹽稅와 결전세結田稅 등으로 결손을 보충했다. 그리고 양반들이 백성이나 노비들에게 낙인을 찍거나 얼굴에 글자를 새기는 등의 사형私刑을 금지시켜 백성들에게 심한 고통을 주는 악습과 폐단을 혁파하는 조치들을 잇달아 시행했다.

임금의 하늘인 백성, 그 백성들이 하늘로 여기는 첫 번째가 '먹을 것'이다. 그 '먹고 사는 문제', 즉 '민생'의 해결을 위해 평생을 검소하고 절제된 모습으로 살아온 임금 영조의 삶은 비천한 무수리의 소생이었기에 더욱 깊은 의미를 가진다 하겠다.

왕과 왕비의 호칭

역사 드라마나 영화를 보면 '폐하'나 '전하' 같은 호칭을 자주 듣게 된다. 폐하陛下는 황제에 대한 공식 호칭이다. 폐陛는 아주 크고 성스러운 집의 계단을 뜻한다. '그 큰 집 계단 아래에서 머리 조아리고 알현해야 하는 성스러운 존재시여'라는 의미다. 그리고 황제는 스스로를 칭할 때 짐朕이라고 한다. 천상천하유아독존天上天下唯我獨尊이라는 뜻이다.

그런데 조선시대 사극을 보면 왕을 전하殿下라고 부른다. 원래 전殿은 폐陛보다는 작기는 해도 아주 큰 집을 뜻한다. 역시 '그 큰 집 아래에서 머리 조아리고 알현해야 하는 존재시여'라는 의미다. 그리고 임금은 자기를 지칭할 때 과인寡人이라고 한다. '허물 많은 사람'이라는 뜻으로 자신을 낮추어 겸손하게 표현하는 것이다.

우리나라는 삼국시대부터 고려시대 중후기까지는 황제국이었다. 고려는 외왕내제外王內帝 체제를 유지했기에 임금을 '폐하'라고 불렀고, 특히 고려 문종은 왕족과 신하들을 공公, 후侯, 백伯으로 봉작했으며, 그 왕족과 신하들을 영공전하令公殿下라 부르게 했다. 그러다가 원나라의 침략 이후 고려는 제후국으로 격하되었고 태조, 광종, 문종 같은 묘호는 사라지고 원元에 충성을 다한다는 의미로 25대 충렬왕忠烈王, 26대 충선왕忠宣王, 27대 충숙왕忠肅王, 그리고 마지막 34대 공양왕恭讓王 등으로 왕호를 쓰게 되면서 왕을 전하로 호칭하게 되었다.

이후 조선에 이르면서 왕을 통상적으로 전하라고 부르다가 고종 때 대한제국을 선포하면서 고종은 황제皇帝로, 왕비는 황후皇后로 등극하게 되었다. 전하라는 호칭을 두고 혹자들은 조선이 제후국이었다고 말하기도 하지만 조선은 종묘宗廟와 묘호廟

號를 가진 나라였다. 태조, 태종, 세종, 정조 같은 묘호는 황제국에서만 쓸 수 있는 호칭이다. 그리고 종묘가 있는 나라는 전 세계에 세 나라밖에 없다. 우리나라와 중국, 베트남이다. 이 세 나라 종묘 중에서 유네스코 세계문화유산인 것은 우리나라가 유일하다. 베트남의 종묘는 거의 의미가 없고, 중국은 종묘 건물만 남아있는 상태이기 때문에 아직까지 종묘대제를 지내면서 의식을 거행하는 나라는 우리나라밖에 없다. 그렇게 보면 조선은 황제국과 제후국의 모습을 둘 다 가진 나라라고 하는 편이 타당할 것 같다.

그리고 황제의 적장자嫡長子를 태자太子라고 하고 제후의 적장자를 세자世子라고 한다. 신하들이 태자를 부를 때는 전하殿下라고 하고, 세자를 부를 때는 저하邸下하고 한다. 저邸는 전殿보다는 작지만 그래도 큰 집을 뜻한다. 그래서 옛날에는 제후의 큰 아들이 사는 집을 저택邸宅이라 했는데, 지금은 일반적으로 큰 집을 지칭하는 용어로 쓰이고 있다. 황제의 부인은 황후皇后라고 한다. 고종이 황제로 즉위하면서 조선 최초의 황후인 명성황후가 등장하게 된 것도 이 때문이다. 반면 왕의 부인을 왕비王妃, 혹은 왕후王后라고 한다. 살아있을 때는 왕비, 죽은 뒤에는 왕후로 불렀다. 마지막으로 황제의 후궁 중에서 가장 높은 후궁을 비妃라고 하고, 왕의 후궁 중에서 가장 높은 후궁을 빈嬪이라고 한다. 조선에서 가장 유명한 후궁 희빈 장씨, 즉 장희빈張禧嬪이 있듯이 중국에는 가장 유명한 후궁 귀비 양씨, 즉 양귀비楊貴妃가 있다.

그리고 옛날 중국에서는 중신들을 부를 때 각하閣下라고 했다. 각閣은 아주 작은 집을 의미한다. 일제강점기 때는 이토 히로부미伊藤博文 같은 조선 총독을 각하라 불렀고, 우리도 불과 얼마 전까지 대통령을 각하라 불렀었다.

한편 건물에 붉은색을 칠한 원기둥을 쓰고 단청을 칠할 수 있는 곳은 크게 세 종류로 나누어진다. 첫째는 임금이 사는 궁궐과 임금의 덕이 미친 관청이고, 둘째는 부처님을 모신 사찰이며, 셋째는 공자와 함께 사성四聖; 맹자, 안자, 증자, 자사의 위패位牌를 모신 곳이다. 임금이 사는 궁궐의 건물들이 근정전勤政殿, 인정전仁政殿, 사정전思政殿이고, 부처님을 모신 곳이 대웅전大雄殿이며, 공자와 사성을 모신 곳이 대성전大成殿이다. 전殿은 임금을 상징하고, 따라서 이 분들을 모신 곳에서만 붉은 원기둥을 쓰고 단청을 칠할 수 있었다.

혁신 리더십

만천명월주인옹(萬川明月主人翁). 천하의 모든 냇물이 달을 따르는 것이 우주의 순리이듯 신하는 임금을 따라야 한다는 강력한 왕권을 강조하는 정조의 정치 철학이다. 또한 이 말은 '밤하늘의 밝은 달은 천하를 가려 비추지 않는다'는 뜻으로, 백성을 다스리는 왕으로서 어느 한 곳 그늘진 데 없이 백성들을 두루 따뜻하게 보살피겠다는 의지의 표현이기도 하다. 정조는 우주가 운행하는 이치와 도리로 백성을 이끌어 나가겠다는 의지를 담아 '주합(宙合)'이라는 이름을 짓고 현판까지 직접 썼다. 그는 이런 마음으로 출신과 문벌을 가리지 않고 인재를 등용하는 입현무방(立賢無方)의 원칙을 몸소 실천한 임금이다.

6

혁신革新 리더십
- 정조正祖와 금난전권禁亂廛權 철폐

유난히 무더웠던 1762년 음력 5월, 한참을 울며 빌던 아들은 아버지의 노기를 이기지 못하고 결국 스스로 뒤주 안에 들어가게 되고, 영조는 뒤주를 잠그고 8일 동안 열어주지 않았다. 스물여덟 살의 젊은 아버지 사도세자가 그렇게 뒤주 안에서 죽어가는 것을 지켜본 열한 살의 어린 아들 정조에게는 아버지의 죽음이 평생의 한恨과 동시에 지울 수 없는 트라우마로 남았다.

할머니 동이를 닮았던 사도세자는 무골 기질로 완력이 대단했다. 부인 혜경궁 홍씨는 한중록에 '대조大朝, 영조께서 뒤주에 들어가라고 하신들 소조小朝, 사도세자께서 버티시지 왜 들어갔는지, 들어갔으면 곧 깨쳐 나오시지, 마음만 먹으면 뒤주 못 깰 리도 없는 분이 왜 미련스럽게 갇혀 있었는지…'라는 한스러운 내용을 남겼는데, 아들 정조 역시 어머니 홍씨와 같은 애절한 마음이었으리라 여겨진다.

정조와 수원화성

정조대왕의 휘諱는 산祘인데, 정조의 얼굴을 확인할 수 있는 어진은 현재 전해지지 않는다. 우리가 자주 봤던 정조의 어진은 약 30년 전에 그려진 상상화다. 드라마나 영화에서는 정조를 예쁘장한 훈남 스타일로 그리고 있지만 실제 역사적 자료에 의하면 상남자 스타일에 가까웠다. 아버지 사도세자가 무수리 증조할머니숙빈 최씨를 닮아 골격이 건장했듯이 정조도 사도세자의 피를 이어 무골이었고 얼굴 또한 강인한 스타일이었다. 말타기를 좋아하고 물소뿔로 만든 활인 각궁을 하루에도 수십 순씩 쏘는 무인武人 군왕이었다.

열한 살의 어린 나이에 아버지 사도세자가 뒤주 안에서 죽어가는 것을 본 아들 정조는 그 사건이 평생의 족쇄로 남았다. 역적의 아들이라는 굴레 하에서 집권 노론 세력과 하루하루를 싸워 나가는 일상 자체가 전쟁의 연속이었다. 아버지 사도세자는 죽고 나서 양주 배봉산에 묻혔는데 그곳이 묏자리로는 둘도 없는 천하의 흉지였다고 한다. 사도세자를 죽인 노론 세력들이 가문의 대를 끊어버리고자 일부러 그렇게 묏자리를 정했다고도 하는데, 정조는 풍수지리를 익힌 후 아버지의 묏자리를 항상 가슴 아파했다. 그래서 천하의 명당 자리를 찾아다닌 끝에 화산華山, 지금의 화성에 모시기로 마음 먹었는데 그러려면 그곳 화산에 살고 있던 주민들부터 새로운 땅으로 이주시켜야 했다. 따라서 이들을 위한 새로운 거주지가 필요했고 그래서 건설된 것이 바로 유네스코 세계유산인 수원화성水原華城이다.

원래 화성華城이란 말에는 부모님에 대한 장수의 기원과 아울러 그리워하는 마음이 동시에 담겨 있다고 한다. 고대 중국 역사에 의하면 화華 땅에 봉해진 사람들이 성군 요임금에게 장수와 부귀, 그리고 다산多産을 빌어 주었는데 이것을 화봉삼축華封三祝이라 하며, 화성이라는 말도 여기서 유래되었다고 한다.

그리고 수원 지역은 고구려 때는 '매홀'로 불렸는데 '매'는 원래 '물水'을 뜻하는 말이다. 지금의 '매산동'이나 '매탄동' 역시 물과 관련 깊은 지역이다. 정조가 화성에 사도세자의 능을 조성할 때 수원 인근 백성들의 고생이 많았고 이것을 고맙게 여긴 정조는 귀한 소고기를 자주 내려 백성들을 위로했는데 여기서 '수원 왕갈비'가 유래하게 되었다.

원래 궁이나 도성은 정문을 남쪽으로 내는 것이 원칙이다. 남향 건물이 햇빛을 많이 받기 때문에 당연한 이치겠지만, 특이하게 수원화성은 정문이 장안문長安門으로 북향이다. 임금이 한양에서 화성으로 들어오는 가장 빠른 경로가 북문인 장안문으로 들어오는 길이기 때문이다.

원래 장안長安이라 함은 '오랫동안 평안하게 다스린다'는 뜻인 장치구안長治久安의 줄임말로, 고대 중국 역사에서 주문왕周文王이 강태공과 함께 주나라를 건국하고 도읍으로 삼았던 곳이다. 그 이후 삼국지의 무대였던 후한後漢시대와 명, 청 시대를 제외하고는 거의 대부분 왕조들이 도읍으로 삼았던 곳으로, 흔히 '장안'이라하면 통상 '중심되는 도성'을 뜻한다.

수원화성이 유네스코 세계유산으로 선정된 결정적인 이유는 바로 ≪화성성역의궤華城城役儀軌≫1801 덕분이었다. 한국전쟁 당시 북한군의 포격에 심각하게 손상된 화성이 재건될 수 있었던 것은 설계도 및 기록지였던 ≪화성성역의궤≫가 전해졌기 때문이었다. 성을 설계도대로 벽돌 한 장 차이나지 않게 다시 지을 수 있었다는 것에 세계인이 놀랐다고 한다.

수원화성은 기존의 성곽 건축과는 그 접근법부터 달랐다. 기존에는 성곽 외벽을 흙이나 바위로 쌓는 것이 일반적이었지만 수원화성은 작은 벽돌로 만들었다. 같은 규격의 벽돌로 만들었다는 것은 대량 생산과 공급이 가능하고 무너졌을 때 수리 보수가 용이하다는 뜻이다.

그리고 작업 인부들의 이름을 새겨넣는 '건축실명제'를 실시해서 책임감과 주인의식을 함양시켰으며, 나라에서 현실적인 품삯을 책정하여 노동에 따른 임금賃金을 지급했다. 기존에는 보통 성을 건축할 때 동원되는 노동자는 죄수, 포로, 그리고 스님 세 부류였다.

당시에는 죄수들을 도형徒刑이라하여 성 축조 때 무거운 돌을 나르는 곳에 투입시켜 그 기간만큼 징역에서 차감해 주는 것이 일반적이었고, 숭유억불崇儒抑佛의 시대라서 그랬는지 스님들도 이런 노역에 많이 동원되었다. 병자호란 때 인조가 피신했던 남한산성도 스님들의 강제노역으로 만들어진 성이었다. 화성을 지을 때 지급한 인부 한 명당 1일 품삯은 2전 5푼이었고, 화성축조에 소요된 총 비용은 87만 3천 517냥 7전 9푼이었다.

밤 하늘의 밝은 달은 천하를 가려 비추지 않는다

만천명월주인옹萬川明月主人翁. 역대 왕들의 호號 중에서 가장 긴 것으로, 홍재弘齋와 더불어 22대 군왕 정조正祖의 호다. '세상의 모든 냇물을 비추는 달은 하나다'라는 의미로 달은 군왕을, 냇물은 신하를 뜻한다. 천하의 모든 냇물이 달을 따르는 것이 우주의 순리이듯 신하는 임금을 따라야 한다는 강력한 왕권을 강조하는 정조의 정치 철학이다.

또한 이 말은 '밤 하늘의 밝은 달은 천하를 가려 비추지 않는다'는 뜻으

〈창덕궁 후원의 존덕정(尊德亭)과 현판〉
서울특별시 종로구 창덕궁 소재

로도 해석된다. 백성을 다스리는 왕으로서 어느 한 곳 그늘진 데 없이 백성들을 두루 따뜻하게 보살피겠다는 의지의 표현이다.

창덕궁 후원에는 정조가 심었다고 전해지는 250년이 넘은 은행나무 앞에 존덕정尊德亭이라는 정자가 있다. 예로부터 은행나무 주변에 있는 정자는 학문하는 장소의 대명사로 알려져 왔다. 공자가 제자들을 은행나무 아래에서 가르쳐 행단杏壇이라는 말이 생겨났듯이, 정조도 은행나무를 심고 존덕정을 수리하면서 '만천명월주인옹자서萬川明月主人翁自序'라는 제목의 글을 짓고 그 내용을 현판에 새기게 했다. 이 장문의 글에서 평소 정조가 가지고 있는 인재관을 엿볼 수 있는데, 정조는 모든 사람은 자기만의 특징과 장점을 가지고 있기 때문에 그 사람들의 특성과 기량에 맞춰 너그러운 마음으로 적절하게 활용해야 한다고 적어놓았다.

〈존덕정 내부의 만천명월주인옹자서(萬川明月主人翁自序)〉
서울특별시 종로구 창덕궁 소재

　군왕으로서 정조의 덕은 탁월한 인재관 못지않게 따뜻한 애민사상에
도 묻어난다. 옛날에는 임금의 행차 때 길을 가로막고 억울함을 호소하
는 백성들이 간혹 있었는데 이것을 격쟁擊錚이라 했다. 원칙적으로 이것
은 위법이고 격쟁을 한 백성은 엄벌에 처해지지만 정조는 오히려 이를 활
용해 백성들의 소리를 직접 듣고자 했고, 나아가 백성들의 격쟁 내용과
건수를 왜곡하는 관리들을 엄벌에 처할 정도로 적극적으로 백성들과 소
통하고자 했다.

　또한 애민군주愛民君主 정조는 천성이 검소하고 신중하여 곤룡포 외에는
비단옷을 입지 않았다. 영조의 균전법均田制에 이어 백성들의 조세 부담을
줄이기 위해 궁차징세법宮差徵稅法을 폐지했으며 흉년이 들어 아사자가 발
생하면 왕실 내탕금으로 백성들을 구제하기도 했다.

당시에는 금난전권禁亂廛權이라하여 한양 중심가 육의전과 시전에 점포를 가진 상인들만 장사를 할 수 있고 난전亂廛에서의 장사는 엄격히 금지하는 법이 있었다. 이 금난전권 때문에 지방의 상인들이 한양으로 특산물을 가져와 팔 때도 반드시 시전 상인들에게만 팔아야 했고, 그 반대로 한양에서 물건을 떼서 갈 때도 시전 상인들을 통해서만 구입해야 했다.

당시 조정에서는 필요한 주요 물품을 육의전이나 시전 상인들을 통해 구입했고, 시전 상인들도 세금 납부를 통해 국가 재정에 기여하는 바가 있었기에 난전이 난립하면 시전이 위축된다는 시전 상인들의 의견을 수렴하여 난전을 금지했다. 하지만 이같은 금난전권 때문에 가난한 백성들은 어려움이 극에 달했고 시전 상인들의 횡포는 갈수록 심해졌다.

가뭄이 들면 온나라 백성들이 먹을 것이 없어 난리가 났는데 이때 시전 상인들, 특히 쌀 가게인 싸전에서는 오히려 문을 닫고 쌀을 팔지 않았다. 하루가 다르게 쌀 값이 폭등하자 이들은 싸전 옆에 새롭게 고리대금 가게를 내어 돈을 빌려주고, 굶주린 백성들로 하여금 이 돈을 빌려서 쌀을 사먹게 하였다. 그리고 오래지 않아 고리高利의 이자를 감당할 수 없게 된 백성들은 여지없이 노비로 전락하여 팔려가는 신세가 되었다.

이렇게 백성을 수탈하여 엄청난 부를 축적한 시전 상인들이 자신들의 상권 보호를 위해 방패 역할을 하던 조정 중신들에게 상납하는 부조리의 악순환이 끊임없이 되풀이되었다. 정조는 이같은 백성 수탈의 악순환을 끊어내고자 시전 상인들과 노론세력들의 극심한 반대를 무릅쓰고 1791년 '통공발매 정책通共發賣政策'을 시행하여 육의전을 제외한 일반 시전이 가진 금난전권의 특권을 철폐함과 동시에 육의전에서 취급하던 상품을 제외한 다른 모든 상품들의 자유로운 판매를 허가하였다.

정조와 군선도群仙圖

이처럼 정조가 백성을 위해 과감한 혁신 정책을 펼칠 수 있도록 곁에서 보필한 사람이 채제공蔡濟恭이다. 채제공은 영조와 정조 2대를 이어 보필한 명신으로 수원화성 축조에서부터 금난전권 철폐에 이르기까지 대부분의 개혁 정책이 그를 통해 실시될 만큼 정조가 신임하는 최측근 신료였다. 이 채제공의 호號가 번암樊巖인데, 이 단어는 당시 유학자들 사이에서는 엄청나게 파격적인 것이었다.

번암의 번樊은 번부인樊夫人을 의미하는데, ≪좌씨춘추전≫에 의하면 아내 번부인樊夫人과 남편 유강劉綱은 모든 중국인의 어머니이자 신선의 우두머리인 서왕모西王母를 모시고 곤륜산에서 살아가는 신선 부부다.

곤륜산은 중국 서남부 쓰촨성 내륙 끝에 위치해 있으며 도교 사상의 성지인 산이다. 예로부터 중국 북쪽 사람들은 유교儒敎를, 남쪽 사람들은 도교道敎를 숭상해 왔다. 불교 역시 중국 북쪽은 교리를 통한 깨달음을 중시하는 교종敎宗이 발달한 반면 남쪽은 순간의 깨달음인 득오得悟를 중시하는 선종禪宗이 발달해 좋은 대비를 이뤄왔다.

당시 유교사상은 근본적으로 백성들을 인人과 민民 두 가지 종류로 나눠 인人, 양반/지배층이 민民, 평민/피지배층을 부리는 이분법적 계급 사상이었던 반면 도교는 계급과 신분을 부정하고 일하지 않는 사람은 먹지도 말라는 무소유 평등사상을 주장했다. 따라서 조선의 양반 지배 계층은 평등주의를 지향하는 도교를 싫어하고 천시했다.

허균許筠의 소설 ≪홍길동전≫이 양반들로부터 지탄을 받고 금서禁書로 지정된 이유가 적서嫡庶의 차별을 부정하고, 나아가 분신술과 축지법 등의 도술을 부리는 홍길동을 영웅시했기 때문이었던 것처럼 노자의 도교사 상은 유가들에게는 함께할 수 없는 이단이었다.

이런 사회 분위기 속에서 남인이었던 채제공은 호에 번樊 자를 붙여 공 식적으로 자신이 평등과 개혁의 기수임을 천명했고, 여기서 한 발 더 나 아가 정조는 서얼의 규제 폐지와 신분 차별 철폐를 통해 능력 위주의 인 사 등용 원칙을 구현하려 했다.

정조와 채제공의 이러한 혁신과 평등사상은 당시 기득권 세력인 노론 들의 엄청난 반대에 직면할 수밖에 없었고, 이에 정조는 김홍도의 그림인 〈군선도群仙圖〉1776를 보며 개혁 의지를 다지곤 했다. 군선도는 나귀를 타 고 곤륜산에 사는 서왕모의 생일 잔치에 놀러가는 열아홉 명의 신선들 을 그린 그림이다.

〈군선도(群仙圖)〉 국보 제139호, 김홍도(金弘道) 作, 1776년
삼성미술관 리움 소장 및 이미지 제공

홍재弘齋와 주합宙合

홍재弘齋는 '넓은 집'이란 뜻으로 정조대왕의 또 다른 호號다. ≪홍재전서弘齋全書≫1799는 정조가 남긴 시문詩文, 윤음綸音, 교지教旨 등을 모아 만든 전집을 말한다.

통상 호에 집 재齋 자가 들어가면 학자나 공부하는 선비를 뜻한다. 무오사화 때 부관참시당한 사림의 영수 김종직의 호가 점필재佔畢齋이고, 업무 역량으로는 따를 자가 없었던 신숙주의 호가 보한재保閑齋이며, 주자학의 주리론적 입장을 확립하여 퇴계 이황에게 전수해 준 이언적의 호가 '어두운 집'이라는 뜻의 회재晦齋이고, 태임을 본받는다는 사임당師任堂의 또 다른 호가 같은 뜻을 가진 임사재任師齋이다. 노론의 거두 송시열과 회니시비懷尼是非를 벌였던 소론의 영수 윤증의 호가 명재明齋이며, 대학자이며 국보 제240호 자화상의 주인공인 윤두서의 호가 공재恭齋이다. 홍재는 임금인 정조 역시 한 나라의 왕이라는 신분을 떠나서 끊임없이 공부하는 선비와 학자의 신분으로서 세상을 대하고 싶은 의지의 표현이었다.

〈규장각도(奎章閣圖)〉 김홍도(金弘道) 作, 1776년
국립중앙박물관 소장 및 이미지 제공

임금의 학문과 공부는 주로 마음의 수양과 성리학적 이념을 담은 내용을 제왕학의 교과서로 삼았는데, 당시에는 이를 성학聖學이라 불렀고 그의 대표적인 책들이 《대학유의大學類義》1781나 《성학집요聖學輯要》1575 같은 것들이다. 매미에게 선비의 정신을 배우는 마음으로 항상 익선관翼蟬冠을 쓰고 일월오봉도 병풍日月五峯圖 屏風 앞에 앉아서 스스로를 허물 많은 사람이라는 뜻으로 과인寡人이라 불렀던 것처럼 조선의 임금은 스스로를 삼가고 신독愼獨하는 자세로 성학을 대했다. 학문을 대하는 열정이 남달랐던 정조는 창덕궁 후원에 주합루宙合樓와 규장각奎章閣을 만들어 본격적인 학문 연구와 정책 토론을 위한 기틀을 마련했다.

왼쪽 그림은 김홍도가 서른두 살에 그린 〈규장각도奎章閣圖〉1776로 창덕궁 후원에 있는 규장각奎章閣과 연못 부용지芙蓉池를 담고 있다. 가운데 보이는 2층 건물의 1층이 규장각이고 2층이 주합루宙合樓다. 그 아래에 있는 부용지는 천원지방天圓地方 사상에 의거하여 연못 바깥 테두리는 사각형으로, 가운데 작은 섬은 둥글게 만들었다.

'주합宙合'은 우주와 교류하여 하나가 된다는 의미로, 정조는 우주가 운행하는 이치와 도리로 백성을 이끌어 나가겠다는 의지를 담아 직접 이름을 짓고 현판까지 썼다. 나아가 이런 마음으로 출신과 문벌을 가리지 않고 인재를 등용하는 입현무방立賢無方의 원칙을 몸소 실천한 임금이기도 했다. 역사를 통틀어 경연관을 통한 자기 계발과 학문 수양을 가장 많이 한 왕이 세종과 정조였고 그 반대의 경우가 연산군과 인조였다고 하니 조선 왕조만 놓고 본다면 실로 임금의 수신修身과 치국治國은 결국 그 맥을 같이한다고 하겠다.

6

•••

가뭄과 기우제祈雨祭

예로부터 훌륭한 임금들은 백성들을 하늘로 여기고 받들며 섬겼다. 따라서 그들은 백성이 중요하게 여기는 것부터 해결해야만 했는데, 그 첫째가 바로 '먹고 사는 것', 즉 '생계'였다. 이것은 지금도 똑같이 적용되는 것으로, 구성원이 먹고 사는 것 때문에 힘들어하면 다른 모든 것을 떠나서 절대 좋은 지도자로 평가받을 수 없다.

옛날에 백성들의 생계를 힘들게 했던 가장 큰 원인은 '가뭄'이었다. 당시 임금들은 홍수보다도 가뭄을 더 두려워했다. 홍수가 나면 사람들은 순식간에 물에 빠져 죽지만, 가뭄이 들면 먹을 것이 없어 고통받다가 아주 천천히 굶어서 죽기 때문이다. 그 과정에서 굶주림에 지친 백성들이 썩은 고기를 뜯어먹다 역병에 걸리고, 이 전염병이 일파만파로 확산되는 악순환이 되풀이되기도 했다. 그래서 가뭄이 들면 임금은 우선 신료들과 함께 하늘에 기우제祈雨祭를 지내고 용 그림을 불에 태워 하늘로 올려 보냈다. 용이 하늘로 올라가면서 비와 천둥을 불러온다고 믿었기 때문이다.

그리고 한양의 4대문 중 여름과 양陽을 뜻하는 남대문인 숭례문崇禮門을 닫아 잠그고 평소 닫아 두었던 북대문인 숙정문肅靖門을 활짝 열어 차가운 음陰의 기운을 불러들였다. 또한 세상에 양의 기운을 최소화하고자 남자들의 외출을 자제시키는 반면 음의 기운을 활성화하기 위해 궁녀들의 궁 밖 외출을 권장했다.

한편 사람이 가뭄으로 굶주림에 시달리면 어떤 행동까지 할 수 있는지를 알 수 있는 이야기가 기록으로 전해 온다.

간신의 대명사로 유명한 임사홍은 아들 임숭재와 함께 폭군 연산군 밑에서 막강한 권력을 휘둘렀다. 임숭재는 자신의 아내까지 연산군에게 바친 사람으로 이 두 부자

父子의 간악함은 필설로 다 표현할 수 없을 정도였다. 1506년 중종반정으로 연산군이 폐위되자 임사홍은 반정 세력에게 붙잡혀 죽게 되는데 그 후 20일이 지나서는 시체의 몸으로 다시 목이 잘리는 부관참시剖棺斬屍까지 당한다.

이때 임사홍 밑에서 악행을 일삼다 같이 죽은 패거리 중에 이덕종이라는 사람이 있었다. 이덕종은 젊어서부터 학문이 뛰어났고 사람됨이 곧았는데 벼슬 운이 없어 과거科擧에 번번히 낙방했다.

그러던 어느 해, 온 나라에 가뭄이 들어 굶어 죽은 시체가 산을 이루었는데 이 당시에도 이덕종은 책을 펴놓고 글공부만 하고 있었다. 보다 못한 아내가 자식들 먹일 양식이라도 구하고자 동냥질을 하러 나갔다. 그런데 한밤이 지나서도 아내가 돌아오지 않자 걱정이 된 이덕종이 직접 아내를 찾아 나섰다. 한참을 찾아 다니던 이덕종은 충격적인 장면을 보고 그 자리에서 얼어붙고 말았다. 굶어서 이성을 상실한 아내가 주인 없는 폐가廢家의 문짝에 달라붙어 있던 문풍지 뒷면을 뜯어서 말라붙은 풀을 핥아먹고 있었기 때문이었다. 이 모습에 충격을 받은 이덕종은 그날 밤 가지고 있던 책을 모두 불태운 후 간신 임사홍을 찾아가 그의 수하가 되었다.

이후 수년간 악행을 일삼으며 호의호식하다 임사홍이 죽는 날 함께 죽게 된 이덕종은 아내가 문풍지 뜯어먹던 그날 밤 그 장면을 본 것을 후회하며 죽었다고 한다.

한편 농경사회인 조선시대에는 가뭄이 자주 들어 기우제도 잦았다. 기우제는 주로 음력 4월에서 7월 사이인 농번기 때 집중되었는데, 태종 때는 가뭄이 잦아 태종 재위 18년간 기우제를 지내지 않은 해는 태종 3년인 1403년 한 해뿐이었다. 그래서 평생 가뭄으로 인해 마음 고생이 심했던 태종은 1422년 음력 5월 10일 하늘로 올라가면서 태종우太宗雨를 내렸다고 한다. 지금까지 사극 최고의 걸작으로 평가되는 KBS 드라마 〈용의 눈물〉1996~1998에서 이 '눈물'은 태종이 승천하면서 백성들에게 내린 '태종우'를 뜻한다.

전략 리더십

리더임에도 불구하고 리더십을 발휘하지 못하는 대부분의 경우는 리더로서 갖춰야 할 역량이 부족하기 때문이다. 그리고 부족한 이 역량 중 대표적인 것이 바로 '전략 설정과 의사 결정'이다. 조직에서 최고의 리더가 갖춰야 할 첫 번째 역량인 '탁월한 전략 설정과 의사 결정'을 이해함에 있어 1592년 7월 8일 벌어졌던 '한산도대첩(閑山島大捷)'보다 좋은 교재는 없을 것이다. 1592년 음력 4월 13일, 임진왜란(壬辰倭亂)이 발발하자 나라의 운명이 백척간두의 상황에 처하게 되었다. 그러다 7월 8일, 그야말로 전란의 분위기를 바꿔놓을 수 있는 해전을 치르게 되니 이것이 바로 세계 4대 해전의 하나인 한산도대첩(閑山島大捷)이다.

7

전략戰略 리더십
- 이순신李舜臣과 한산도대첩閑山島大捷

옛말에 '남 위에서 일하는 자는 머리가 수고로워야 하고, 남 밑에서 일하는 자는 몸이 부지런해야 한다'고 했듯이 조직에서 최고 리더가 갖춰야 할 가장 중요한 역량은 바로 '전략 설정과 의사 결정'이다. CEO나 임원처럼 조직의 방향을 설정하는 리더들은 높은 곳에 올라가서 자기만의 망원경으로 멀리 바라볼 수 있는 안목이 있어야 한다.

여기서 '멀리 볼 수 있는 안목'이라는 것은 '시간적 개념'과 '공간적 개념'을 동시에 조망할 수 있는 안목을 뜻한다. 흔히 경영진의 역할을 '밤하늘의 구름 너머로 별을 볼 줄 아는 것'이라고 비유하기도 한다. 조직 경영을 위해 1년, 5년, 10년 후를 내다볼 수 있는 미래 예측의 안목, 즉 '시간적 개념'의 안목을 가져야 함은 물론 시시각각으로 급변하는 국제 정세와 주변 환경에 레이더를 가동하는 '공간적 개념'의 글로벌 안목을 동시에 가지고 있어야 한다.

주변을 둘러보면 리더임에도 불구하고 리더십을 발휘하지 못하는 대부

〈한산도대첩의 학익진(鶴翼陣) 조감도〉

분의 경우가 리더로서 갖춰야 할 역량이 부족하기 때문이다. 조직이 나아
가야 할 큰 방향을 제시해야 하는 CEO나 임원들은 이 '전략 설정과 의사
결정' 역량이 부족하면 결코 훌륭한 리더가 될 수 없다.

　조직에서 최고의 리더가 갖춰야 할 첫 번째 역량인 '탁월한 전략 설정
과 의사 결정'을 이해함에 있어 1592년 7월 8일 벌어졌던 '한산도대첩閑山島
大捷'보다 좋은 교재는 없을 것이다. 임진왜란壬辰倭亂이 발발한 1592년 음력
4월 13일, 당시 이순신은 전라좌도수군절도사全羅左道水軍節度使로 부임해 있
었다. 전란이 발생하자 경상좌수사인 박홍은 곧바로 달아났고 경상우수
사인 원균은 대패를 거듭하니 그야말로 나라의 운명이 백척간두의 상황
에 처하게 되었다. 하지만 이순신은 전열을 정비해 옥포, 합포, 적진포, 당

포, 율포 등에서 왜 수군을 맞아 연전연승을 거두며 전기점을 마련해 나갔다. 그러다 7월 8일, 그야말로 전란의 분위기를 바꿔놓을 수 있는 해전을 치르게 되는데 이것이 바로 세계 4대 해전 중에 하나인 한산도대첩閑山島大捷이다.

한산도대첩의 3대 핵심은 '거북선'과 '학익진鶴翼陣', 그리고 '화포 공격'이다. 학익진은 아군의 배를 학의 날개 모양으로 배치해 적선을 반원 형태로 둥글게 포위해서 공격하는 진법으로, 훗날 청·일전쟁과 러·일전쟁을 치르는 일본 해군의 진법 형성에도 큰 영향을 주었다.

당시 조선 수군의 배는 판옥선板屋船이라 불렀는데 밑바닥이 평평하여 제자리 선회가 가능한 평저선平底船이었다. 평저선은 속도가 느리고 노를 젓는 격군들이 많이 힘들어하는 단점이 있었으나 선체가 단단하여 해전에서 화포를 쏴도 그 반동을 견뎌낼 내구성을 가지고 있었다. 아울러 제자리 선회가 가능했기 때문에 한쪽 측면에서 화포 사격을 하다가 재장전을 해야 될 때 배를 180도 돌려 반대쪽에서 곧바로 사격이 가능한 구조를 가진 전선戰船이었다. 또한 판옥선은 소나무로 만들어서 단단하고 내구성이 탁월했다. 그리고 조선 수군이 주로 사용했던 개인 병기는 활과 창이었다. 활은 습사수들이 중장거리 저격용으로 사용했던 무기였고 백병전에서 장수들은 칼, 병졸들은 창을 주무기로 사용했다.

이에 비해 왜선倭船은 가볍고 빠르기는 했지만 안정감이 부족했다. 당시 왜선은 아다케부네安宅船와 세키부네關船라는 두 종류의 전선戰船으로 구성되었는데, 이 두 가지 모두 선체가 가볍고 바닥이 뾰족한 첨저선尖底船이었다. 첨저선은 속도는 빠르나 제자리 선회가 안될 뿐만 아니라 화포의 반동을 견딜 수 없는 구조였다. 따라서 왜 수군들은 수전水戰에서 화포보다는 조총에 의한 사격에 의존하다가 선체 간의 거리가 가까워지면 상대편 배로 넘어가는 도선渡船을 통해 갑판 위에서 칼을 위주로 싸우는 단병접전短兵接戰을 선호했다.

물론 왜 수군에게도 화포가 없었던 것은 아니었다. 왜군은 보통 한 척당 세 문의 포를 돌격선에 장착했으나 보통 이 포의 구경은 4~5cm, 사정거리는 약 250m 정도밖에 되지 않았다. 이 정도의 위력으로는 두께가 10cm에 달하는 조선의 판옥선과 거북선을 뚫기에는 역부족이었다. 특히 한산도대첩에 투입된 거북선은 그 용도부터가 남달랐다. 선체가 단단한 소나무와 참나무로 만들어졌으며, 갑판을 철갑으로 덮어 중량감이 컸기 때문에 적선을 발견하면 화포 공격과 더불어 배 앞부분의 돌기로 적선의 약한 측면을 들이받아 버리는 그야말로 '돌격선'이었다. 이러한 작전은 근본적으로 이순신이 적군과 아군의 장·단점을 정확히 파악하고 있었기 때문에 실현 가능한 것이었다.

결정적으로 이순신은 결전지를 견내량見乃梁으로 정했다. 견내량은 그 길이가 약 3km, 폭은 약 180~400m 정도 되는 좁은 해협이다. 물살이 급한 이 견내량에서 이순신은 와키자카 야스하루脇坂安治가 이끄는 왜군을 유인해 학익진을 펼치고 기다렸다. 그리고 이순신은 유인선에 현혹되어 좁은 견내량을 빠져나오는 적선에 학익진으로 울타리를 치고 화포 공격을 퍼부어 왜군들을 전멸시켰던 것이다.

왜장 와키자가 야스하루는 조선 수군이 화포 공격 후 재장전하는 시간을 틈타 도선을 하고 갑판 위에서 백병전을 벌일 생각이었으나 조선 수군은 제자리에서 배를 회전시켜 공격함으로써 재장전으로 인한 시간 지체를 최소화시켰다. 결국 좁은 해협에 갇힌 적군은 달리 도망갈 길이 없었고, 특히 첨저선인 왜선은 제자리 선회가 어려워 치명적 타격을 입을 수밖에 없었다. 여기에 거북선이 투입되어 포를 쏘고 종황무진 휘젓고 다니니 왜군은 전의를 상실하고 달아나기에 바빴다.

거북선이 최고의 전투선이었듯 이순신은 최고의 명장이었다. 거북선은 본연의 역할인 돌격선의 임무를 다하도록 가장 단단한 나무인 소나무와 참나무로 건조되었다. 또한 적의 화공에 견디고 도선을 막기 위해 등에 철갑을 두르고 쇠침을 박은 배였다. 나아가 거북선이 돌격선의 역할을 제대로 수행하려면 거북선의 격군들이 빠른 속도로 노를 저어야 했다. 결정적으로 거북선은 침몰하면 그 안에 탑승한 수군은 누구도 살아나오기 힘든 구조였다. 결국 노를 젓는 격군이 감수해야 할 최악의 조건들을 모두 갖춘 배가 거북선인 것이다.

따라서 거북선은 수군들 사이에서 기피대상이 되었기 때문에 결국 거북선의 격군을 죄수 중에서 차출하기도 했고 전란 중에는 노비나 의병들로 구성하기까지 했다. 동기부여될 여지가 없는 이런 조직원들과 함께하며 23전 23승 신화를 일궈낸 이순신. 역사상 최고의 리더로 인정받는 그의 가장 큰 역량은 조직원들이 무조건 믿고 따를 수 있는 탁월한 전략 설정과 그에 따른 정확한 의사 결정이라 하겠다.

왕릉王陵과 소갈비

경국대전에 의하면 조선의 왕릉은 법궁인 경복궁을 기준으로 사방 80리 안에 모셔야 함을 원칙으로 하고 있다. 그 이유는 왕이 당일로 참배를 하고 돌아올 수 있는 최대 거리가 80리였기 때문이다. 당시의 10리는 지금의 4km보다 긴 약 5.2km 정도였다. 그러니까 당시 80리는 현재로서는 100리 남짓 되는 셈이다. 그런데 이 원칙을 적용받지 않고 80리가 넘는 능이 있으니 바로 영릉英陵; 세종, 장릉莊陵; 단종, 융릉隆陵; 사도세자, 그리고 건릉健陵; 정조이 그 주인공들이다. 우연의 일치이기는 하나 재미있는 사실은 풍수지리학적으로 볼 때 조선 왕릉의 5대 명당 중 동구릉에 위치한 건원릉健元陵; 태조을 제외한 나머지 명당릉이 모두 이 능들이라는 점이다.

당시에 왕릉 장지葬地가 정해지면 해당 현지 주민들은 10리 밖으로 이주해야 했다. 왕릉 10리 안은 신성구역이라 사람이 살거나 농사를 지을 수 없었기 때문이다. 뿐만 아니라 공사 현장 잡일의 대부분을 현지 백성들이 도맡아 해야 했지만 보상이 턱없이 부족했기 때문에 백성들은 자기 마을에 왕릉이 들어서는 것을 매우 싫어했다. 그래서 조선 왕조는 동구릉, 서오릉처럼 왕릉을 대부분 한군데 모아서 모셨다. 각각 흩어진 곳에 조성하면 나중에는 경기도 일대가 전부 신성구역이 되어 농사를 짓지 못하게 되기 때문이다.

단종을 죽이고 보위에 오른 세조가 남긴 유언은 14년 동안 보위에 있으면서 너무나 많은 피를 보았으므로 왕릉을 크게 만들지 말고 벌초도 하지 말라는 것이었다. 그래서 그 이후 아무도 벌초를 하지 않았고, 그로 인해 주변의 수목이 온전히 보전되어 현재에는 국내 최대의 수목원인 광릉 수목원이 탄생하게 되었다.

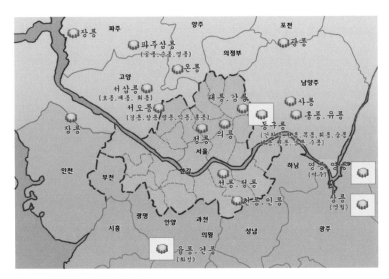

〈조선 왕릉 위치도〉 현재 지명 기준

원치 않은 강제 이주로 왕릉 조성 지역 현지 백성들의 원성이 높아지자 조정에서는 보상의 수위를 차츰 높여주다가 나중에는 소牛 목축권과 도축권까지 허용했다.

조선시대에 소는 마음대로 잡아먹을 수 있는 대상이 아니었다. 가뭄이 들어 쌀이 부족해지면 금주령禁酒令을 내려 쌀 소비를 억제했듯이 소고기 금식령禁食令을 내려 소 도축을 원천 차단시키기도 했었다. 소는 농사를 짓는 데 있어 가장 소중한 자산이자 밑천이었고, 너도나도 소를 잡아먹어 버리면 농사지을 소가 부족해 결국 엄청난 국가적 재앙을 초래하기 때문이었다. 따라서 나라에서는 소고기의 수요와 공급을 제한했고 개인 소유의 소일지라도 도축하려면 나라의 허가를 받아야 했다. 하지만 이러한 소고기 금식령에도 불구하고 양반과 왕족들 사이에서는 은밀히 소를 잡아 먹는 불법 행위가 계속되었고, 포도청에서는 특별 단속반을 구성하여 포졸들이 개를 끌고 다니면서 이들을 잡아들이기도 했다.

소고기 금식령을 내리지 않은 경우에도 고기를 구워 먹는 일은 흔치 않았고, 하물며 고기에 버섯을 함께 구워 먹는 일은 아주 드문 일이었다. ≪성협풍속화첩成夾風俗畵

帖≫에 있는 〈야연野宴〉 그림처럼 여럿이 둘러앉아 고기를 구워 먹는 호사는 특별한 날이 아니면 생각할 수 없었다. 맨 왼쪽에 앉은 젊은 남자가 관례를 치르고 고기로 손님을 대접하는 풍경이다.

조선 최대의 소고기 밀도살 사건으로는 인조의 셋째 왕자인 인평대군麟坪大君 사건이 있다. 인조의 장남은 소현세자이고, 소현세자보다 일곱 살 어린 봉림대군효

〈야연(野宴)〉 성협(成夾) 作, 19세기
국립중앙박물관 소장 및 이미지 제공

종이 둘째 아들이며, 봉림대군보다 세 살 어린 인평대군이 셋째 아들이다. 병자호란 이후 나라가 극도로 피폐해졌고 백성들은 무더기로 노비로 전락하여 나라 재정과 민심은 최악의 상황으로 치닫고 있을 때였다. 병자호란 당시 쳐들어온 청나라 군사들의 노략질로 도성의 소와 돼지의 씨가 마르고, 그대로 가다가는 쟁기질할 소가 없어 농사 역시 지을 수 없는 상황이었다. 이에 나라에서는 소고기 금식령을 내렸고 온 나라에 소고기 유통이 금지되었다. 하지만 인평대군과 그 인척들은 권세를 믿고 소를 잡아 구워 먹은 후 그 뼈를 앞마당에 묻어 증거를 없애려 하다가 포도청 특별 단속반에 걸려 온 나라를 떠들석하게 만들었다.

하지만 이러한 소고기 금식령에도 불구하고 특별한 경우가 아니면 왕릉 조성 지역은 관아에 신고만 하면 소를 도축하고 소고기를 유통시킬 수 있는 특혜를 주었다. 이로 인해 이 지역 주민들은 엄청난 돈을 모을 수 있었을 뿐만 아니라 왕릉 주변에는 남들이 먹지 못하는 소고기를 갈비로 구워 먹는 비법이 발달하여 전해 내려오게 되었다. 홍릉 갈비, 태릉 갈비, 광릉 갈비처럼 왕릉 주변의 갈비가 맛있는 이유가 바로 이런 사연에서 유래된 것이라 할 수 있다.

제 8 장

조직관리 리더십

권한은 조직에서 부여하는 직책권이지만 파워는 스스로 키워야만 하는 리더로서의 영향력이다. 이런 파워를 바탕으로 효과적으로 조직을 관리하고 리더십을 발휘했던 사람이 제갈량(諸葛亮)과 한신(韓信)이다. 리더십이 제대로 발휘되고 훌륭한 리더로 인정받기 위해서는 무엇보다 '시간'이 필요하다. 농부가 제아무리 열심히 농사를 지어도 수확을 하려면 시간이 흘러 계절이 바뀌어야 한다. 봄에 씨를 뿌리고 한여름 뙤약볕과 태풍을 겪은 후 가을이 되어서야 비로소 수확을 하는 농사처럼, 탁월한 조직관리 리더가 되려면 조직원들의 마음을 얻어야 한다. 그리고 그 '마음'은 가장 마지막 단계인 '가을'에 얻어야 한다.

8

조직관리 리더십
- 제갈량諸葛亮과 한신韓信

'권한은 리더의 화폐'라는 말이 있다. 리더가 조직을 효과적으로 이끌어가고 조직원을 통솔하기 위해서는 인간적인 매력과 솔선수범하는 마음가짐이 우선되어야 하겠지만 그에 못지않게 중요한 요소가 조직을 통솔할 수 있는 자기만의 파워와 권한을 확보하고 있어야 한다는 것이다. 권한은 조직에서 부여하는 직책권이지만 파워는 스스로 키워야만 하는 리더로서의 영향력을 뜻한다. 현대 경영학의 조직관리론에서는 리더가 우선적으로 파워와 권한을 갖춘 다음, 조직을 체계화시켜 나가면서 최종적으로 조직원들의 존경심을 확보하는 것이 조직관리 리더십의 정상적인 프로세스라고 강조한다. 이런 조직관리 프로세스에 입각해서 효과적인 리더십을 발휘했던 역사적 인물들이 더러 있는데, 그 중 대표적인 인물이 제갈량諸葛亮과 파초대장군破楚大將軍 한신韓信이다.

서기 207년 봄, 유비는 삼고초려三顧草廬 끝에 제갈량을 군사軍師로 모셔온다. 제갈량은 처음에는 이를 완강히 거절하다 결국 조건을 내걸고 유비를 따라 나서게 되는데, 그 조건은 다름아닌 의식을 거행해 달라는 것이었다. 그 의식이란 삼군三軍: 중군, 좌군, 우군의 모든 군사을 도열시킨 자리에서 큰 장단을 마련한 뒤, 그 위에서 유비가 제갈량 자신에게 인장印章과 보검을 바치는 의식을 거행하면서 군최고통수권자로서 인정해 달라는 것이었다. 제갈량이 이렇게 할 수밖에 없었던 가장 큰 이유는 조직을 운영할 권한과 파워가 없이는 관우와 장비를 비롯한 조직 내의 장졸들을 제대로 통제할 수 없다고 판단했기 때문이었다.

이러한 사례는 한고조漢高祖 유방을 도와 항우를 물리친 대장군 한신韓信의 경우에서도 찾아볼 수 있다. 원래 한신은 항우 밑에서 집극랑執戟郎이라는 말직을 지내던 인물이었으나 후일 유방의 밑으로 가서 파초대장군破楚大將軍 자리를 맡게 된다. 이 파초대장군의 역할을 수락하면서 한신은 새로운 주군인 유방에게 "대장단을 쌓고 삼군을 도열한 후 인장과 보검을 하사하면서 취임식을 거행해 달라"고 요구했다. 그러니까 제갈량은 이미 약 400년 전에 대장군 한신이 유방에게 요구했던 것을 유비에게 똑같이 요구한 것이었다.

한신이 이런 요구를 할 수밖에 없었던 이유는 당시 유방의 심복이었던 맹장 번쾌樊噲가 처음부터 유방을 모시면서 동고동락해 왔던 가신들을 제쳐놓고 항우 밑에서 벼슬살이하던 한신을 군 최고 책임자로 등용하는 것에 대해 엄청난 불만을 제기하고 나섰기 때문이었다. 번쾌는 유방과 개인적으로는 동서지간이며, 홍문의 회鴻門之會에서 항우의 책사 범증范增에게 죽을 뻔했던 유방을 위해 항우와 두주불사斗酒不辭로 술을 마셔가며 유방의 목숨을 구해낸 심복이었다. 한신으로서는 번쾌를 비롯한 기존 가신들의 반대를 물리치고 조직을 원활하게 통제하려면 무엇보다 직책에 맞는 파워가 절실했던 것이다.

우여곡절 끝에 파초대장군 취임식을 거행한 날 한신은 17개 조항의 군령을 반포하면서 이를 어기는 자는 참형에 처하겠다고 공포한다. 그리고 첫 훈련을 시작하는 취임식 다음 날, 감군대장監軍大將 은개殷蓋가 시간이 지나도 훈련장에 나타나지 않자 새로 만든 군령의 제2조 이름을 불러도 대답하지 않는 '만군慢軍'에 해당하니 참형에 처하라고 명령을 내린다. 이 소식을 들은 유방이 부군사 역이기酈食其를 시켜 형의 집행을 중지하라는 명을 전하지만, 오히려 한신은 군중軍中에서 허락 없이 말을 달리면 안 된다는 제5조 '경군輕軍'에 해당하는 죄라 하여 역이기를 참형에 처하려 한다. 그러다 여러 사람들이 말리자 끝내 역이기 대신 역이기의 부하와 은개 2명을 참형에 처해 버린다.

한신의 일화를 잘 아는 제갈량이 유비의 군사軍師가 되어 가장 먼저 착수한 일이 바로 한신과 같이 군령을 개편하는 것이었다. 당시 유비의 군대는 오합지졸과 같아서 군령이라는 것이 따로 없었다. 부임 후 몇 달 동안 제갈량은 군사훈련과 군령 개편 작업에 총력을 기울였다.

모든 군사들에게 금주령을 내리고 혹독한 군사훈련을 시키면서 군령을 만들기를 수 개월, 마침내 군령이 완성되던 날 제갈량은 전군 회식을 실시했다. 군사들에게 마음껏 술을 마시게 한 이튿날 새벽, 예정에도 없던 비상 점호를 내렸다. 군사들 모두 술이 덜 깨 제정신이 아닌 상황에서 삼삼오오로 집합했지만 끝내 그 모습을 드러내지 않은 장수가 한 명 있었다. 화가 머리 끝까지 치민 제갈량은 곁에 있던 부관에게 비상 점호에

諸葛亮

〈제갈량(諸葛亮)〉

참석하지 않은 장수는 어떤 형벌인지 어제 완성된 군령을 살펴보라고 명령했다. 부관이 군령집을 보고 참수형이라고 대답하자 제갈량은 그 자리에서 칼을 빼들고 목을 치려고 했다. 이에 여러 휘하 장수들이 노한 제갈량을 말리면서 급히 유비에게 전령을 보내 직접 이 상황을 수습토록 부탁했다. 유비 역시 잠이 덜 깬 상황에서 전령에게 형 집행을 보류하라고 명령한 뒤 허겁지겁 옷을 챙겨 입고 훈련장으로 달려 나왔다. 하지만 유비의 명을 받은 전령이 채 당도하기도 전에 그 장수는 이미 목이 떨어진 후였다.

죄인을 참수하고 난 제갈량이 훈련장 끝 쪽을 바라보니 군사 한 명이 말을 타고 뛰어다니고 있었다. 곁에 있던 부관에게 "사전 허락도 없이 새벽에 군중軍中을 뛰어다니는 자는 어떤 형벌이냐?"라고 물었고, 그 역시 참수라 하니 당장 잡아와 목을 베라고 했다. 이에 기겁한 장수들이 그를 말리니, 잠깐 고민하던 제갈량이 "그래. 실제로 뛰어다닌 놈은 저 전령이 아니라 그가 타고 있던 말이지. 당장 저 말을 붙잡아 그 목을 베어라"라고 명령을 내렸다. 대장군 한신이 은개의 참수를 통해서 조직의 체계를 세웠듯이 제갈량 역시 군령의 준엄한 원칙을 활용해 자신의 파워를 천명하고 조직의 체계화를 꾀했던 것이다.

그리고 이듬해인 208년 봄 제갈량은 두 번에 걸쳐 의미 있는 전투를 맞이하게 되는데 그 하나가 박망파 전투博望坡 戰鬪고 나머지 하나가 장판파 전투長坂坡 戰鬪다. 박망파 전투는 제갈량이 유비의 군사가 되어 처음으로 펼치는 전투로서, 말하자면 그의 데뷔전이 되는 전투다. 박망파 전투 이전까지는 비록 제갈량이 군 사령관의 권한과 파워를 갖추고 있다지만 조직원들의 통솔이 그리 만만하지 않았었다. 특히 장비와 같이 평생 전장에서 잔뼈가 굵은 장수들은 제갈량의 능력에 대해 반신반의하고 있었기 때문에 그의 명령에 조직원들이 충성을 다한다고는 보기 어려웠는데 제갈량은 이 박망파 전투를 통해 자신의 능력을 유감없이 각인시키게 된다.

박망파 전투는 제갈량이 5천 명의 군사를 출동시켜 직접 지휘한 전투로서, 조조군의 하후돈夏侯惇과 우금于禁이 이끄는 10만 대군을 상대로 갈대숲에서 화공을 펼쳐 7만 명을 괴멸시킨 전투다. 그리고 장판파 전투는 조자룡이 적진에 단기필마單騎匹馬로 뛰어들어 유비의 아들 유선劉禪을 구해오고, 장비가 장판교 다리 위에서 혼자 조조군을 물리친 것으로 유명한 전투다. 이처럼 몇 차례의 전투를 통해 제갈량은 서서히 조직의 기틀을 다져나감과 동시에 중원으로 진격할 준비를 마련해 나갔다. 그리고 같은 해 가을에 역사에 길이 남을 또 하나의 전투를 맞이하게 되는데 그것이 바로 '적벽대전赤壁大戰'이다.

흔히 사람들은 '적벽대전'이라고 하면 유비와 손권의 연합군이 양쯔강 적벽에서 조조의 100만 대군을 화공으로 물리친 전투라고 알고 있지만 사실은 조조와 손권의 싸움이었다. 유비는 처음부터 여기에 개입하지 않았고 다만 제갈량만 파견되어 손권을 도왔을 뿐이었다. 당시 조조군은 채모, 장윤, 채화, 장요, 우금, 하후돈 등이 이끄는 83만 명의 대군이었던 반면, 이에 맞선 손권의 군대는 주유, 여몽, 황개, 육손, 장소 등이 이끄는 4만 명의 군사가 전부였다. 또한 '적벽赤壁'이라는 지명은 당시에는 없던 것으로, 양쯔강의 주변 절벽들이 화공火攻으로 인해 붉게 타버렸다는 데서 유래했다.

적벽대전 초반에 조조와 손권의 군대는 양쯔강을 사이에 두고 남북으로 대치해 탐색전을 벌였을 뿐 실제로 전투다운 전투를 벌이지는 못했다. 그럴 수밖에 없었던 이유는 손권의 오吳나라 군사들이 수전水戰에 강했던 것에 비해 조조의 위魏나라 군사들은 수전에 약했음은 물론, 배만 타면 멀미를 하는 바람에 양측 군사들이 도무지 결전을 벌일 기회를 갖지 못했기 때문이다. 손권은 처음부터 이 싸움에 미온적이었기 때문에 전투가 차일피일 미루어지고 장기전에 돌입하게 된다면 낭패를 보게 되는 것은 바로 유비였다. 따라서 어떻게 해서든 손권의 전투 의욕을 불태워 속전속결로 진행해야 한다는 것은 그 누구보다도 제갈량 스스로가 잘 알고 있었기에 시일이 지날수록 그의 마음은 급해지기 시작했다.

어차피 적孫權의 힘으로 적曹操을 제압해야 하는 상황이었기에 제갈량은 손권의 오른팔인 주유를 타겟으로 정했다. 당시 제갈량이 손책과 주유의 부인인 교씨喬氏 자매를 조조에게 넘겨주면 조조가 물러갈 것이라는 말로 주유를 자극해서 그를 전쟁에 끌어들였다는 일화는 너무도 유명하다. 원래 주유는 손권의 형 손책의 친구로서 문무를 겸비한 인재였기에 손권의 신임이 남달랐다. ≪삼국지연의≫에는 주유가 다소 용렬한 인물로 묘사되어 있으나 진수陳壽의 ≪삼국지≫에는 문무를 겸비한 호걸로 등장한다. 더욱이 별명이 미주랑美周郎으로 삼국지 제일의 꽃미남이었던 주유는 음악과 예술에도 특별한 능력을 발휘했다.

몇 가지 이유로 전투가 대치 상태를 벗어나지 못하자 주유는 고육지책으로 주군 손권의 노장 황개를 매질하여 조조에게 위장 투항시키는 한편, 조조가 보낸 첩자인 장간을 속여 봉추蜂雛를 조조 진영에 보내 배를 수십 척씩 쇠사슬로 묶게 만드는, 이른바 연환지계連環之計를 꾸미게 된다. 조조 진영에 간 방통은 조조에게 연환지계를 간하지만 조조의 책사 정욱과 순유가 화공을 의심했다. 그러자 방통은 때는 '11월 겨울인지라 북서풍이 불기 때문에 남쪽에 위치한 오나라의 화공은 있을 수 없다'는 논리로 반박한 뒤 결국 연환지계를 성공시켰다.

한편 제갈량은 11월 20일 산 위에 칠성단 제단을 쌓고 삼일 밤낮을 기도하니 기적처럼 남쪽으로부터 동남풍이 불기 시작했다. 이 동남풍을 타고 연합군이 불화살을 쏘아대니 조조군의 배는 수십 척씩 서로 묶여 있던 상황이어서 화공에 꼼짝없이 전멸하고 말았다.

동남풍을 불러일으킨 후 주유의 추격을 따돌리고 유비 진영으로 돌아온 제갈량은 작전 회의를 열어 각 장수들에게 패주하는 조조군을 괴멸시킬 지침을 내렸다. 모든 장수들에게 매복 지점과 공격 지침을 세세히 하달하나, 유독 관우에게만은 아무런 명령을 내리지 않으니 이에 불만을 품은 관우가 제갈량에게 따졌다. 하지만 제갈량은 관우가 조조를 살려 보낼 것 같아 미덥지 못하다는 이유로 그를 현장에 투입하기를 꺼려했고, 여기에 화가 치민 관우는 조조를 놓아주면 자신의 목을 대신 바치겠다는 군령장軍令狀을 제갈량에게 쓴 후 비로소 출병하게 되었다.

적벽에서 궤멸당해 도주하던 조조는 오림烏林에서 조자룡에게 혼이 나고, 남이릉南夷陵에서 또다시 장비에게 쫓겨났다. 그리고 드디어 화용도華容道에 도착하게 된 조조. 한겨울의 추위와 굶주림, 그리고 계속되는 도주로 피곤에 지칠대로 지친 조조군은 더 이상 움직일 기력도 남아 있질

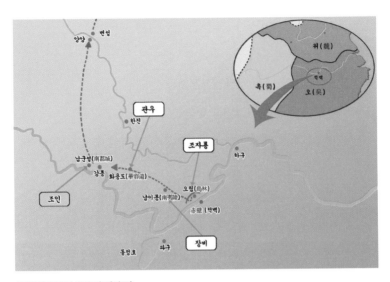

〈적벽대전 당시 조조의 퇴각로〉

않았다. 설상가상으로 이날은 겨울비까지 내려 온몸이 얼어붙은 상황에서 진흙길을 행군해야 했기 때문에 패주하던 조조 군사들은 굶주림과 피곤함으로 차례차례 쓰러져 갔다. 이러한 상황에서 화용도 계곡에 도착하니 이미 관우가 지키고 서 있었기에 이제는 모든 것이 끝났다고 체념하는 순간 책사 순욱이 앞으로 나서며 외쳤다. "관운장은 본래 의리있고 은혜를 아는 사람이기에 승상이 베푼 예전의 은혜를 잊지 않을 것입니다"라고 소리치니 관우는 여기서 마음이 흔들리기 시작했다.

옛날 하비성 전투에서 패한 관우가 조조의 포로가 되었을 때, 조조가 관우를 극진히 대접하며 자신의 사람으로 삼으려고 갖은 노력과 정성을 다했던 적이 있었다. 하지만 끝내 관우의 마음을 얻을 수 없어 관우를 놓아 보내준 일이 있었는데, 순욱이 그때의 얘기를 하며 관우의 마음을 흔들었던 것이다. 이 기회를 놓칠세라 조조가 관우에게 다가가 애걸하고, 조조의 군사들 또한 모두 두려움에 떨며 애걸하자 동정심이 생긴 관우는 결국 모두 살려 보내 주었다. 이렇게 해서 조조는 가까스로 목숨을 부지하게 되었고, 조인의 마중을 받아 남군성으로 돌아가 훗날을 도모할 전기를 마련할 수 있었다.

이 시각 유비 진영, 출병했던 다른 장수들은 모두 복귀했는데 한밤이 지나 새벽녘이 되어도 관우가 돌아오지 않자 모두들 애타게 관우를 기다리고 있었다. 다른 장수들은 관우가 군령장을 쓰고 출병한 사실을 몰랐기 때문에 그가 조조의 목을 들고 올 것을 믿어 의심치 않았지만, 새벽이 지나 동틀 무렵이 되어도 돌아오지 않자 슬슬 불안한 기운이 감돌기 시작했다. 모두가 이제나저제나 관우가 돌아오기만을 기다리고 있던 참에 새벽 안개를 뚫고 저 멀리서 관우가 모습을 드러내자 모두가 기쁜 마음에 뛰어나가 마중했다. 특히 제갈량은 지난 밤 겨울비로 진흙이 된 땅바닥으로 뛰어 내려가 관우의 손을 잡은 채 반갑게 말했다. "관운장, 수고가 많으셨소. 그래, 조조의 목은 어디에 있소?"라고 물으니 관우는 대답 대신 무릎을 꿇고 죽여달라는 말만 되풀이하여 모두가 어리둥절해 했다. 곁에 있던 부관에게 자초지종을 들은 제갈량이 벼락같이 화를 내며 당장 칼을 가져오라고 하자 모두가 사색이 되어 하나같이 제갈량을 말리기 시작했다. 이에 아랑곳하지 않고 길길이 날뛰던 제갈량은 정말 관우의 목을 칠 기세였다. 그도 그럴 것이 지난해에 비상 점호에 빠졌다 하여 목이 잘린 장수도 있었는데, 지금 관우의 죄목은 그때와는 비교할 수도 없을 만큼 무거웠기 때문이었다. 하물며 스스로 군령장까지 써 놓고 간이 상황에서 달리 무슨 말을 할 수 있겠는가? 그런데 이 상황에서 누구보다도 열심히 관우의 죄를 빌었던 사람이 유비와 장비였다. 의형제로서의 의리도 있었겠지만 관우가 없는 유비는 생각조차 할 수 없기 때문이었다. 더구나 이 세 사람은 비록 태어난 날은 각기 다르지만 한날한시에 같이 죽기로 그 옛날 복숭아 나무 아래에서 맹세까지桃園結義 한 사람들이다. 오늘 관우가 죽으면 영락없이 유비와 장비도 함께 죽어야 하는 운명인 것이었다. 이같은 상황에서 장비는 그 누구보다도 간절히 용서를 빌었는데 이때 흘린 장비의 눈물은 주변 사람들의 심금을 울렸다고 한다.

그런데 한동안 길길이 날뛰던 제갈량이 잠시 마음을 진정시킨 듯, 먼 새벽 하늘을 바라보며 깊은 한숨을 몰아 쉰 뒤 꿇어앉은 관우의 팔을 붙잡고 일으키며 말했다. "관운장. 그만 일어나시오. 내가 어제 밤하늘의 별자리를 봤더니 조조의 별이 아직 그 운을 다하지 않았더이다. 그리고 지금 조조가 죽고 나면 북쪽의 형세가 무너져 도적떼들이 난무하게 될테니 결국 핍박받게 되는 것은 백성들뿐이오. 이 또한 내가 바라는 형세는 아닌지라, 고민 끝에 조조를 죽이지 못하는 관운장을 일부러 화용도로 보낸 것이요"라고 하니 주위에 있던 사람들이 서로의 얼굴을 마주보며 벌린 입을 다물지 못했다. 이러한 곡절을 겪은 후에 관우와 장비는 제갈량을 진심으로 따르게 되었고 또한 충심을 다해 그의 명령을 수행하게 되었다.

리더십이 제대로 발휘되고 훌륭한 리더로 인정받기 위해서는 무엇보다도 '시간'이 필요하다. 리더 스스로 제아무리 많은 노력을 한다 하더라도 조직원들과 함께하는 시간이 없으면 아무런 의미가 없기 때문이다. 그래서 리더십을 '농사'에 자주 비유한다. 농부가 제아무리 열심히 농사를 지

〈제갈량의 묘〉 중국 산시성 딩쥔산(定軍山, 정군산) 소재
문상현 서남민족대학교 교수 촬영 및 사진 제공

어도 수확을 하려면 시간이 흘러 계절이 바뀌어야 한다. 봄에 씨를 뿌리고 한여름 뙤약볕과 태풍을 겪은 후 가을이 되어서야 비로소 수확을 하는 농사처럼, 탁월한 조직관리 리더가 되려면 조직원들의 마음을 얻어야 한다. 그리고 그 '마음'은 가장 마지막 단계인 '가을'에 얻어야 한다. 특히 처음으로 조직을 맡은 관리자로서 스스로가 어떤 리더십을 발휘해야 하는지 모르는 리더라면 지금 나를 둘러싼 환경이 어떤 계절인지부터 살펴봐야 한다.

색깔과 신분

남존여비男尊女卑 사상이 지배했던 옛날에는 청상과부靑裳寡婦라는 말이 있었다. 직역하면 '푸른색 치마를 입은 허물 많은 아녀자'라는 뜻이다. 당시에는 남편을 잃은 부인을 '허물 많은 죄인'이라는 뜻으로 과부寡婦라고 불렀다. 미망인未亡人이라는 단어도 그 뜻이 별반 다르지 않다. 남편이 죽었는데 '아직 남편을 따라 죽지 않은 사람'이라는 뜻이니 말이다. 오늘날의 관점에서는 납득하기 어려운 의미를 내포하고 있으나 옛날에는 남편을 잃은 부인, 주막집 주모, 기생 등 처지가 낮다고 평가받는 여성들은 주로 푸른색 치마를 입었다.

오른쪽 그림은 신윤복이 그린 〈상춘야흥賞春野興〉이다. 진달래 피는 봄날 지체 높은 권력가를 초빙해서 술을 접대하는 장면인데, 정면에 자세잡고 앉은 사람이 고관이고 왼쪽 끝에 단정하게 앉은 양반이 술자리를 마련한 사람이다. 오른쪽에 서 있는 두 사람은 고관의 부하인 낭관郎官들이고 하단에는 반비飯婢가 술상을 들여오고 있다. 고관의 바로 옆에 뾰로통하게 앉아있는 여자가 젊은 기생이고 옆에서 눈치 주며 쏘아보는 여자가 늙은 기생이다. 푸른색으로 기생들의 치마를 표현했고 붉은색으로 젊은 기생의 속고름을 강조한 신윤복만의 탁월한 감각이 돋보이는 작품이다.

이와 상반되는 의미로 '이왕이면 다홍치마'라는 말이 있다. 같은 값이면 다홍색 치마가 다른 색보다 좋다는 뜻이다. 과거에는 다홍치마에 노랑 저고리를 입는 사람이 반가댁 규수였기 때문이다. '다홍치마'는 남성들이 선호하는 가장 최상의 조건을 갖춘 여인을 상징하는 것으로, 옛날에는 붉은색이 푸른색보다 높은 지위를 나타냈다.

우리에게 익숙한 이순신 영정은 1953년에 그려진 것으로, 이후 1973년에 국가표준

〈상춘야흥(賞春野興)〉신윤복(申潤福) 作, 제작연도 미상
간송미술관 소장 및 이미지 제공

영정으로 지정되어 교과서에 수록되어왔다. 이 영정 속의 이순신 얼굴은 출처를 알
수 없는 상상화다. 그래서 얼굴의 이미지보다 정작 중요한 것은 붉은색 관복이다. 무
관들의 관복은 '하늘날개'라는 뜻으로 '천익天翼'이라 했는데 발음이 너무 어려워 소
리 나는 대로 그냥 '철릭'으로 읽고 또 그대로 쓰기도 했다.

전국 각 고을을 다스리는 지방 수령인 현감은 종6품이고, 큰 고을을 다스리는 현령
은 종5품인데 이들의 관복색은 푸른색이다. 반면 전라좌수사, 삼도수군통제사였던
이순신의 관복은 붉은색이다. 붉은색이 푸른색보다 높음을 나타내기 때문이다. 즉,
홍철릭의 관원들이 청철릭보다 지위가 높았는데, 조선시대에 붉은색은 특별한 의미
를 갖는 색이었다. 아무리 지위가 높고 돈이 많아도 사가私家에서는 집을 지을 때 붉
은 기둥을 쓸 수 없었고 또한 단청丹靑을 칠할 수 없었다.

이처럼 붉은색이 푸른색보다 높이 평가받는 것은 한고조 유방과 초패왕 항우가 천하쟁패를 했던 이후부터다. 당시 적룡赤龍의 아들이라 자처했던 유방의 군대 깃발은 붉은색이었고, 항우의 군대 깃발은 푸른색이었다. 그래서 여기서 유래된 장기판의 장기알 색깔이 한漢나라는 붉은색이고 초楚나라는 푸른색인 것이다.

항우의 명을 받아 범증范增을 책사로 모시기 위해 찾아왔던 계포季布는 범증의 거절에도 돌아가지 않고 밤새도록 꿇어앉아 범증에게 수락해줄 것을 간청했다. 결국 계포의 정성에 감동한 범증은 계포에게 항우의 책사가 되겠다고 약속했다. 그리고 그날 밤, 범증은 캄캄한 밤하늘에서 붉은색 별들이 푸른색 별들을 잡아먹고 있는 것을 보았다. 이에 범증은 '천하는 결국 유방의 손에 들어가겠구나'라고 탄식했다. 하지만 이미 항우의 책사가 되기로 계포에게 약속했기 때문에 이를 되돌릴 수는 없는 일이었다. 결국 이루지 못할 대업임을 알면서도 계포를 따라 항우에게 간 범증의 이야기는 유명한 일화다.

진시황의 진秦나라 때는 물의 기운水德을 받은 검은색을 숭상한 반면, 유방의 한漢나라는 주문왕과 강태공을 본받아 불의 기운火德을 받은 붉은색을 숭상했는데 중화사상의 기틀이 이때 다져지게 되었다. 이처럼 불의 기운인 붉은색은 다른 색보다 신성시되고 숭상받는 색이었는데 이 붉은색보다 더 높은 색이 하나 있었으니 그것이 바로 황색黃色이었다.

누런 황색은 세상에서 가장 존귀함을 뜻한다. ≪시경詩經≫에 '천하의 땅 중에서 황

제의 땅이 아닌 것이 없고, 천하의 사람 중에서 황제의 신하가 아닌 사람이 없다'는 말이 있다. 황제皇帝는 하늘 아래 모든 땅과 흙을 지배하는 주인을 일컫는다.

따라서 황색은 농경 사회에서 황금보다도 소중한 땅과 흙을 의미하고 황제는 천자天子임을 나타냈다. 그래서 용 중에서도 황룡黃龍을 가장 신성시 여겼던 것이다.

광무 1년인 1897년, 고종高宗이 대한제국을 선포하고 황

〈고종 어진(御眞)〉 채용신(蔡龍臣) 作, 1920년대 추정
원광대학교박물관 소장, 문화재청에서 이미지 제공

제의 지위에 오른 후 예식에 관한 많은 것이 바뀌었는데, 그 중 대표적인 것이 우선 하늘에 제사를 지내는 원구단을 지은 것이다. 조선시대에는 하늘과 소통하고 하늘에 제사 지내는 사람은 오로지 천자밖에 없다고 믿었기 때문이었다.

세종대왕이 과학기술을 장려하고 여러 발명품을 만들 때 명明나라와 서로 많은 부분에서 기술을 교류했지만 명이 허락하지 않았던 단 하나가 바로 천문학天文學이었다. 하늘을 알고 천문을 살피는 것은 천자에게만 허락된 일이었기 때문이다.

고종이 황제가 되면서 바꾼 또 다른 것들로는 붉은색 곤룡포를 벗고 황금색 용포龍袍로 갈아 입었으며, 면류관의 유 개수가 아홉 개에서 열두 개로 늘어났고, 중전이 비妃에서 황후皇后; 명성황후로 변한 것 등이 있다.

영화 〈남한산성〉2017에는 인조가 47일간 농성하다 결국 청태종에게 항복하는 장면이 나온다. 이날이 우리 민족의 가장 치욕스러운 날인 1637년 음력 1월 30일이다. 남문南門이 아니라 서문西門인 우익문右翼門으로 나온 인조는 청태종에게 세 번 절하고 아홉 번 머리를 조아리는 삼배구고두례三拜九叩頭禮를 올리며 패자敗者로서의 예를 거행했다. 통상적인 경우라면 인조는 남문南門으로 출입했겠지만 항복하러 온 죄인의 처지였기에 청태종이 죄수나 시체가 드나드는 서문으로 나오라고 명했던 것이다. 이때 청태종이 장단 위에서 바라보는 방향이 남쪽이고 인조가 절 올리는 방향이 북쪽이다. 또한 청태종은 주변에 황색 휘장과 깃발로 황제임을 나타내는 반면 인조는 신하임을 뜻하는 파란색의 가장 끝 색깔인 남색藍色 옷을 입고 절을 하는 장면이 묘사되어 있다.

제 9 장

참여지향 리더십

리더는 단지 자기의 재능만으로 부하들을 이끌어가려고 해서는 안 되고 빈 공간을 만들어 부하들을 그 품 안으로 들어오게 해야 한다. 나아가 아랫사람들로 하여금 리더 곁에는 자기들이 꼭 있어줘야 한다는 참여의식을 갖도록 여지를 만들어주어야 한다. 전쟁의 신으로 불릴 만큼 엄청난 능력을 가졌던 항우였지만 자신이 워낙 뛰어났기 때문에 그의 눈에는 부하들의 능력이 항상 부족해 보였다. 그래서 종리매나 계포, 용저 같은 명장들을 전장에 내보낼 때도 항우는 본진에 앉아서 보고를 받고 이에 대해 직접 의사 결정을 내리려 했기 때문에 비운의 생을 마감해야 했다.

9

참여지향 리더십
- 항우項羽와 유방劉邦

《용재수필容齋隨筆》은 마오쩌둥이 생전에 가장 애독했던 책으로 송宋나라의 재상 홍매洪邁가 지은 것이다. 그는 이 책에서 '사람을 제대로 아는 것이 군왕君王의 도道이며, 일을 제대로 아는 것이 신하臣下의 도道이다'라고 강조했다. 위정자爲政者의 역할은 사람을 등용하는 데서 시작해서 배치하는 데서 끝난다는 사실은 누구나 알고 있는 동서고금의 진리다. 하지만 그렇다고 아무나 쉽게 가질 수 있는 역량은 아니기에 인재활용이 천하패권을 얻는 데 직결되는 조직관리의 가장 중요한 역량이라 하는 것이다.

이런 맥락에서 지난 역사를 되돌아보면 항우를 물리치고 한漢나라를 건국한 유방劉邦보다 훌륭한 인재활용 역량을 발휘한 리더는 흔치 않을 듯싶다. 용龍은 상상 속의 동물로 흔히 황제나 왕을 상징할 때 등장하는 신성한 존재인데, 용이 이런 상징성을 갖게 된 것은 유방의 얼굴이 용을 닮았다 하여 그의 얼굴을 용안龍顔이라 부르면서 시작되었다.

劉邦

〈유방(劉邦)〉

項羽

〈항우(項羽)〉

초패왕楚霸王 항우項羽와 더불어 천하의 패권을 놓고 5년 동안 용호상쟁의 드라마같은 대결을 펼쳐 나갔던 유방은 원래 패沛; 지금의 강소성의 농가에서 태어났는데, 젊어서는 유협遊俠 무리와 어울려 다니다가 장년에 이르러 겨우 하급 관리가 되었다.

그는 나이 서른 살 때 사수泗水; 양쯔강의 작은 지류의 정장亭長; 10리마다 설치한 숙박소의 경비 책임자에 임명되어 근무하다가, 항우보다 열다섯 살 많은 나이였던 마흔에 이르러 비로소 큰 뜻을 품고 일어났다.

진秦 말기에 진승·오광이 난을 일으키자 진나라 타도의 기치를 내걸고 군사를 일으켜 패공沛公이라 칭한 유방은 수많은 곡절과 어려움을 극복하고 결국 기원전 202년 해하垓下의 결전에서 항우를 물리치고 천하통일의 대업을 이룩했다. 유방에게 쫓겨 해하전투에서 사면초가四面楚歌에 몰린 항우는 우희虞姬를 곁에 두고 비통함에 잠겨 다음과 같이 시를 지었다.

力拔山兮氣蓋世 (역발산혜기개세)
時不利兮騅不逝 (시불리혜추불서)
騅不逝兮可奈何 (추불서혜가내하)
虞兮虞兮奈若何 (우혜우혜내약하)

힘은 능히 산을 뽑고 기상은 천하를 뒤덮건만
때가 불리하니 추도 앞으로 달리지 않는구나
추마저 달리지 않으니 이를 어찌한단 말인가
우여 우여 그대를 어찌하리

추騅는 하루에 천 리를 달린다는 항우의 애마愛馬였으며, 우虞는 긴 전쟁 동안 한마음으로 항우를 시종한 절세미인의 애첩 우희를 가리킨다. 항우가 술잔을 기울이며 비통함을 노래하자 곁에 있던 우희가 여기에 답시를 지었다.

漢兵已略地 (한병이약지)
四面楚歌聲 (사면초가성)
大王意氣盡 (대왕의기진)
賤妾何聊生 (천첩하료생)

한나라 군대가 이미 우리 땅을 침략하니
사방이 초나라 노랫소리 뿐이로구나
대왕의 기개가 이미 다하고 없으니
천첩이 구차하게 살아서 무엇하리오

이렇게 시를 지어 노래한 우희는 곧바로 항우의 초천검楚天劍을 뽑아서 목을 찔러 자결했다. 우희와 슬픈 이별을 마친 항우는 다음날 20여 기 남은 기병을 이끌고 장강 기슭의 오강鳥江까지 쫓겨갔다. 그때 마침 이곳을 지키고 있던 정장亭長이 배 한 척을 내주며 항우에게 도망갈 것을 권했지만 항우는 죽은 부하들의 부모를 대할 면목이 없다며 끝까지 싸우다 그 자리에서 목을 베어 자결했다.

이로부터 약 천 년이 지난 뒤 당唐나라 시인 두목杜牧이 오강을 지나다가

〈해하전투(垓下戰鬪)에서 패한 뒤 자결하는 항우〉

시를 지었다. 그도 평소 항우에 대한 연민이 깊었는지 그가 지은 시 〈제오강정題烏江亭〉에서는 훗날을 도모하지 않고 자결해버린 항우에 대한 안타까운 마음이 절절히 느껴진다.

勝敗兵家不可期 (승패병가불가기)
包羞認恥是男兒 (포수인치시남아)
江東子弟多豪傑 (강동자제다호걸)
捲土重來未可知 (권토중래미가지)

전쟁에서 이기고 지는 것은 그 승패를 알 수 없는 것인데
수치를 참고 이겨내는 것이 바로 진짜 사내가 아니던가
강동의 자제들 중에는 뛰어난 인재가 많다던데
다시 세력을 키워 훗날을 도모했다면 그 결과를 뉘가 알리오

사실 항우는 그 태생부터가 유방과는 비교가 되지 않는 귀족 출신이었고, 그의 군대 역시 강동의 귀족 자제들로 구성된 엘리트 집단이었다. 그에 반해 마지막 해하垓下전투에서 이기기는 했지만 원래 유방의 군대는 천민이나 백정들로 이루어진 하층민 출신들이 많았기 때문에 의식과 군율에 대한 개념이 별로 없었다. 유방 자신 역시 농민 출신이었기 때문에 평소에 지식을 많이 갖춘 학자나 관료들에 대해 반감이 많았다.

하지만 한漢나라를 건국한 후 '마상馬上에서 천하를 얻을 수는 있어도 마상馬上에서 천하를 다스릴 수는 없다'는 신하들의 간언으로 결국 유교를

국교로 정하며 자신의 통치 스타일을 바꿨다. 리더십 이론으로 살펴보면 군사의 양과 질에서 절대적 우위를 점했던 항우를 물리치고 유방이 천하를 얻을 수 있었던 결정적 요인은 다음 세 가지였다.

첫째, 부하들의 말에 귀를 기울이고 주의 깊게 경청했으며,

둘째, 부하들을 적재적소에 배치하여 그들의 능력을 잘 활용했고,

셋째, 부하들에게 결정권을 부여하고 권한 위임을 잘했다는 것이다.

그리고 여기서 한 발 더 나아가 유방은 부하들의 말을 경청하고 그들에게 동기부여할 때는 자기만의 독특한 장점을 발휘했는데, 그 중 하나가 경청하고 공감할 때는 큰 몸짓으로 응대하는 것이었다. 이러한 스타일은 오다 노부나가織田信長에 이어 일본 전국시대를 통일한 도요토미 히데요시豊臣秀吉의 유형과도 비슷했다. 그리고 유방은 조직 내에 어려운 문제가 발생하면 부하들의 의견을 적극적으로 구한 다음 결정은 부하들 스스로가 내리게 했다.

항우가 유방을 극복하지 못한 결정적인 이유가 바로 이 부분에 있다고 봐야 한다. 유방은 자신이 아는 것이 많지 않다고 생각했기 때문에 오히려 본인이 결정을 내리려 하지 않고 담당 부하가 결정할 수 있는 여건을 만들어 주려 했다. 3만 5천 명 군사로 56만 명의 한군漢軍을 맞아 40만 명을 참살했던 팽성전투彭城之戰에서 항우는 유방을 거의 죽음 일보 직전까지 몰고 갔지만 끝내 항우는 천하의 패자覇者가 되지 못했다. 전쟁의 신으로 불릴 만큼 엄청난 능력을 가졌던 항우였지만 자신이 워낙 뛰어났기 때문에 그의 눈에는 부하들의 능력이 항상 부족해 보였다. 그래서 종리매鍾離昧나 계포季布, 용저龍且 같은 명장들을 전장에 내보낼 때도 항우는 본

진에 앉아서 보고를 받고 이에 대해 직접 의사 결정을 내리려 했기 때문에 번번히 기회를 놓치고 말았다. 이처럼 부하의 능력에 대한 믿음 부족과 더불어 권한을 위임하지 않는 태도가 항우의 발목을 잡았다. 여기에 아울러 부하들에 대한 인색한 포상과 그에 따른 동기부여 결여가 더해져 그 많았던 기회를 살리지 못하고 스스로 비운의 생을 마감해야 했다.

항우의 포상과 동기부여 능력 부족에 대해 소개할만한 유명한 일화가 하나 있다. 한신이 항우를 버리고 유방을 찾아온 후 파초대장군破楚大將軍에 임명되었다. 그리고 얼마 후 유방이 한신을 조용히 불러 물었다.

"그대의 인물됨이 크다고 승상丞相으로부터 여러 번 이야기를 들었소. 그대는 나에게 무슨 가르침을 주시겠소?" 이에 한신이 말했다. "지금 전하와 더불어 천하의 패권을 다투는 사람은 항우가 아니겠습니까?" 유방이 "그렇소"라고 대답했다. 그러자 한신이 "외람되오나, 용감하고 사나우며 어질고 강한 점에 있어서 대왕께서는 항우와 비교해서 누가 낫다고 보십니까?"라고 물었다. 유방이 한참을 생각한 후에 말했다. "내가 부족하오" 이에 한신이 두 번 큰절을 올리고 꿇어앉았더니 "그렇습니다. 신 역시 대왕께서 부족하다고 생각합니다. 그러나 신은 예전에 그의 밑에 있었기 때문에 항우를 잘 압니다. 그가 화를 내고 큰 소리로 호령하면 수천 명도 엎드려 벌벌 떨 정도지만 정작 부하를 믿고 군대를 맡기지 못합니다. 또한 그는 인정도 많지만 부하가 공을 이루어 상과 벼슬을 내려야 할 때면 항상 머뭇거리고 인색하게 굽니다. 항우가 대왕을 이길 수 없는 이유가 바로 여기에 있다고 생각합니다"라고 말했다.

유방 밑에는 파초대장군 한신을 비롯해서 장량, 소하, 번쾌, 진평, 조참,

〈유방이 천하를 통일한 후 도읍으로 삼았던 장안성(長安城)〉
중국 산시성 시안시 소재, 문상현 서남민족대학교 교수 촬영 및 사진 제공

주발, 팽월 등의 8공신功臣 외에도 뛰어난 인재들이 포진해있었는데, 한신과 진평은 원래 항우 밑에 있었지만 그에게 한계를 느끼고 유방의 품으로 찾아온 사람들이었다. 그리고 항우가 최후를 맞이하는 해하전투에서 십면매복十面埋伏으로 항우에게 마지막 결정타를 날린 사람 또한 한신과 진평이었다.

훗날 천하를 통일한 유방이 자신이 항우를 물리치고 패자覇者가 될 수 있었던 요인에 대해 술회한 것이 사마천의 ≪사기史記≫ '고조본기高祖本紀'에 다음과 같이 기록되어 있다.

'지략을 짜고 전쟁에서 승리를 결정짓는 능력에 있어 나는 장량張良에 미치지 못한다. 그리고 내정 관리, 군량 조달, 민생 안정 능력에서 나는 소하蕭何에 미치지 못한다. 또한 백만 대군을 자유자재로 지휘하여 승리하는 능력에서 나는 한신韓信에 미치지 못한다. 이 세 사람은 모두 나를 능가하는 뛰어난 신하들이다. 하지만 나는 그 인재들을 적절하게 기용할 줄 알았다. 그러나 항우에게는 범증范增 같은 뛰어난 책사가 있었음에도 그는 이 한 사람 조차 제대로 활용하지 못했다. 이것이 바로 내가 이긴 유일한 이유다.'

리더의 덕德이 크면 천리 밖에서도 재사才士가 찾아온다고 했다. 항우는 죽는 순간 하늘을 원망했을 것이나 실상 그는 한신과 진평을 놓치고 범증을 떠나 보낸 자신의 부덕不德부터 탓했어야 했다. 법가사상法家思想을 집대성한 한비韓非도 강조했듯이, 뛰어난 리더는 단지 자기의 재능만으로 부하들을 이끌어가려고 해서는 안 되고 빈 공간을 만들어 부하들을 그 품 안으로 들어오게 해야 한다. 나아가 부하들로 하여금 우리 리더 곁에는 자기들이 꼭 있어줘야 한다는 참여의식을 갖도록 빈 여지를 만들어 줘야 한다. 이러한 리더십이 조직을 활기 있게 만드는 '참여지향 리더십'이다.

내시內侍와 궁녀宮女, 그리고 후궁後宮

원래 내시內侍라고 하면 궁궐 내에서 왕과 왕족의 시중을 드는 사람을 뜻하는데, 보통 TV나 영화에 등장하는 내시는 거세한 남자를 한정하는 말로 환관宦官에 해당한다. 고려시대까지만 하더라도 내시는 거세를 하지 않았으나 조선시대에 들어오면서 거세가 당연시되었다. 조선시대에는 내시가 되는 몇 가지 경우가 있었다.

첫째는 드문 경우이기는 하지만 아이들이 옷이 없어 아랫도리를 벗고 다니다 개에게 물려 불가피하게 내시가 되는 경우다. 둘째는 가난한 집에서 하나라도 입을 덜려고 아들을 내시 양자로 보내는 경우다. 내시는 자손 번식의 능력이 없었기 때문에 가문을 유지하기 위해서는 양자를 들일 수밖에 없었다. 그리고 마지막 셋째는 가난에 한이 맺혀 본인이 자발적으로 내시가 되는 경우다. 사안이 이럴 때는 생식기를 잘라내는 시술을 해야 하는데 당시에는 칼 잘 쓰는 백정들이 그 일을 맡았다. 그런데 시술할 때 일자一字칼을 쓰면 잘라내기가 쉽지 않기 때문에 한 번에 잘라낼 수 있도록 둥글게 만든 반월도半月刀로 시술했다. 당시에는 마취와 지혈이 어려웠기 때문에 시술 성공률이 희박했다. 시술 후 소변을 보면 감염의 우려가 있어 시술일 기준으로 이전 3일과 이후 3일, 즉 총 7일 동안 물 한 모금 마시지 못했다. 이처럼 죽을 고비를 넘기며 어렵게 내시가 되려는 이유는 단 하나, 돈을 벌기 위해서였다.

옛날에는 부귀富貴를 모두 가진 사람은 임금밖에 없었고, 부富는 없지만 귀貴를 가진 대표적인 사람이 사대부와 선비였으며 반대로 귀貴는 없으나 부富를 가진 사람들이 상인과 내시였다. 내시들은 그만큼 돈을 많이 모았는데 당시 내시들의 축재 경로는 크게 다음 세 가지로 요약할 수 있다.

첫째, 내시는 임금의 일거수일투족을 훤히 파악하고 있기 때문에 조정 신료들의 입장에서 보면 내시는 자기들이 가지지 못한 '정보적 파워'를 가진 존재였다. 따라서 평소 내시와 돈독한 정보 라인을 형성해 두어야만 자신들의 업무 수행에 여러 가지로 도움이 되었다. 그래서 신료들은 너 나 없이 내시와 원만한 관계를 유지하고자 많은 노력을 기울였다. 둘째, 궁에서는 궁녀와 나인들을 관리하는 곳이 내명부內命婦다. 내명부는 중전을 최고 어른으로 해서 여자 관원들을 관리하는 부서인데 여기서 여자가 아닌 사람은 내시밖에 없었다. 여자는 아니지만 궁녀와의 스캔들 우려가 없었기 때문에 서로 오누이를 맺게 하여 내시 1인당 4~5명의 궁녀들을 관리하게 했다. 그래서 궁녀들은 감독자인 담당 내시에게 잘 보여야만 궁 밖 출입을 비롯한 다양한 혜택을 받을 수 있었기에 평소 자신들이 근무하는 곳에서 나오는 물건으로 내시들의 환심을 사려고 했다. 예를 들면 수라간水刺間에서는 수라상에 올리다 남은 음식을 갖다 주고, 임금의 옷이나 버선을 만드는 상의원尙衣院 궁녀들은 만들다 남는 버선을 주는 일들이 많았다. 마지막 셋째가 가장 큰 자금 경로인데 그것은 다름아닌 후궁들이었다. 후궁들은 화려한 꽃과 같지만 찾아주는 사람과 보는 이가 없다면 아무런 의미가 없는 존재다. 이런 후궁들이 평생의 소원이자 목표로 삼는 것이 바로 임금의 승은을 입어 아들을 낳는 것이고, 나아가 그 아들이 임금이 되는 것이었다. 그러려면 우선 임금의 승은을 입어야 하는데 임금의 행차를 중간에서 도와주거나 차단하는 존재가 바로 내시였다. 따라서 내시에게는 여러 종류의 뇌물 경로가 존재할 수밖에 없었다.

TV 사극을 보면 종종 중국 사신이 조선에 올 때 환영의 의미로 임금이 연회를 베푸는 장면이 등장한다. 당시 중국의 요청으로 조선에서 끌려간 어린 내시 후보생들 중에서 간혹 출세한 사람들이 나오곤 했다. 이들은 최고 정4품 태감太監까지 오르기도 했는데, 중국에서는 사신을 파견할 때 주로 조선 출신 태감들 중에서 뽑아 보냈다. 조선 실정을 잘 알고 조선말을 하는 이점 때문에 그런 것이었지만 반대로 조선 입장에서는 이런 태감이 오게 되면 비위 맞추기가 무척 힘들었다. 황제의 명을 빌미로 자신을 버린 나라에게 한풀이를 해댔기 때문이었다. 그로 인해 파견되는 태감에 관한 정보가 입수되면 그 친부모를 찾아내 융숭하게 대접한 뒤 압록강 국경까지 마중을 보내 환심을 얻는 경우도 많았다.

궁녀宮女는 원래 '궁궐 안에서 일하는 여자 관리'라는 뜻인 '궁중녀관宮中女官'의 줄임말이다. 조선시대 궁궐에서 사는 여자들의 가장 웃어른은 왕의 어머니인 대비大妃이며, 그 다음이 부인인 중전中殿, 그리고 나머지가 첩인 후궁後宮들이다. 중전中殿이라는 말은 궁궐의 가장 안쪽 가운데 있는 전각殿閣을 말하는 것으로 통상 여기에 왕의 부인이 기거하기 때문에 중전이라 부른다. 그리고 궁궐 안에서 왕과 왕의 여인들이 생활하는 데 불편함이 없도록 곁에서 시종하며 돌보는 여자들이 궁녀들인데, 보통 상궁尙宮과 나인으로 나누어진다. 나인은 원래 궁궐 안에서 일하는 사람이라는 내인內人에서 유래되었다고도 한다. 그리고 이 궁녀들 밑에서 이들을 도우며 사는 하급자들이 궁비宮婢인데 이들을 다른 말로 무수리 또는 방자房子라 불렀다.

통상 궁녀들은 열 살이 되기 전 어릴 때 궁으로 들어온다. 이들을 '생각시'라 부르는데, 생각시로 15년 근속을 하면 나인으로 승격된다. 나인이 되면 궁에서 선물을 주고 잔치를 베풀어주는데, 이것은 일반 백성 여자들로 치면 혼례를 치르는 것과 같은 의미였다. 이렇게 나인이 되면 녹봉을 받게 되고, 그 뒤로 15년을 더 근속하면 비로소 내명부 품계 5품인 상궁이 될 수 있었다. 임금의 후궁 품계는 총 여덟 단계로 나누어지는데, 정1품 빈嬪, 종1품 귀인貴人, 정2품 소의昭儀, 종2품 숙의淑儀, 정3품 소용昭容, 종3품 숙용淑容, 정4품 소원昭媛, 그리고 종4품 숙원淑媛이 바로 그것이다.

후궁은 크게 간택후궁揀擇後宮과 승은후궁承恩後宮으로 나누어진다. 간택후궁은 중전이 후사를 낳지 못했을 때 궁에서 정식으로 뽑는 후궁이다. 통상 왕의 어머니인 대비가 최종 결정을 하게 되는데 삼간택, 즉 최종 세 번째 관문을 통과해야 간택후궁이 될 수 있었다. 이런 간택후궁은 후궁 최고의 자리인 빈嬪까지 바라볼 수 있었다. 반면 상궁이나 나인, 혹은 무수리가 임금의 승은을 입고 후궁이 된 경우를 승은후궁이라 한다. 승은후궁은 간택후궁과 나란히 출발할 수 없었고 통상 승은을 입으면 5품 상궁부터 시작했다. 그래서 숙종의 승은을 입은 장희빈장옥정이 처음 후궁 생활을 시작할 때 주변에서는 장희빈을 장상궁張尙宮이라 불렀다. 원칙적으로 승은후궁은 빈嬪까지 올라갈 수 없다. 하지만 단 하나 예외의 경우가 있으니 자기가 낳은 아들이나 손자가 왕이 되어 나중에 추존해 주는 것인데, 선조의 조모 창빈 안씨昌嬪 安氏와 영조의 모친 숙빈 최씨淑嬪 崔氏가 그 대표적인 경우다.

포용 리더십

관중은 고대 중국 정치와 경제 시스템은 물론, 철학과 사상의 토대를 확립했던 인물이다. 그는 실물 경제의 중요성을 강조하면서 인재 양성을 통한 백년지계(百年之計)를 주장했던 사람이다. 환공은 목욕재계한 뒤 관중의 족쇄와 수갑을 직접 풀어주면서 예를 갖췄고, 관중 역시 세 번 향을 피운 다음 환공을 주군으로 모시는 예를 올렸다. 자신의 배에 화살을 꽂았던 사람을 스승으로 맞이한 환공. 크고 작은 80여 회 전투에서 한 번도 진 적이 없는 춘추시대의 패자(霸者) 제나라 환공은 이렇게 관중을 맞아들였다.

10

포용包容 리더십
- 관중管仲과 환공桓公

나무가 목수의 먹줄을 따르면 바르게 되고, 임금이 신하의 간언을 따르면 성군聖君이 된다. 다스림과 정치의 성패는 가르침에 대한 임금의 실천 여부에 달려있다고 생각했기 때문에 성군은 신하의 가르침을 삼가 따랐다.

과거科擧시험이 생기기 전에는 나라에 인재가 필요할 때 임금이 직접 찾아가서 모셔왔다. 유비가 제갈량을 모셔온 것처럼 정성스러운 마음으로 예를 갖춰 어렵게 모셔왔기 때문에 임금은 자신을 보필하는 신하를 부하가 아닌 스승과 아버지父로 대하며 존경했다. 주周나라를 건국했던 문왕文王과 무왕武王은 책사 강태공姜太公을 상부上父로 모셨으며, 유방에 맞서 천하쟁패의 건곤일척乾坤—擲 대결을 펼친 항우 또한 자신의 책사 범증范增을 아부亞父라 부르며 아버지로 모셨고, 사마천이 ≪사기史記≫에서 춘추전국시대를 통틀어 가장 뛰어난 군주라고 칭송했던 제齊나라 환공桓公 역시 관중管仲을 중부仲父라 칭하며 아버지이자 스승으로 모셨다. 따라서 이렇게

管
仲

〈관중(管仲)〉

초빙되어온 인재는 소신과 철학을 바탕으로 거리낌없이 직언을 할 수 있었고 임금 또한 여기에 귀를 기울였다.

하지만 과거시험이 도입되고 난 이후부터는 관직이 출세의 수단으로 전락해버려 소신 없는 신하들은 왕의 눈치 보기에 급급해졌고 결국 조정朝廷이 관료주의로 흐를 수밖에 없었다.

흔히 관포지교管鮑之交로만 알고 있는 관중管仲은 중국 역사에서 빼놓을 수 없는 중요한 인물이다. 제갈량이 가장 존경했던 사람으로서 고대 중국 정치와 경제 시스템은 물론, 철학과 사상의 토대를 확립했던 인물이다. 그는 '사람은 배가 불러야 부끄러움을 알고 곳간이 넉넉해야 예절을 안다'며 실물 경제의 중요성을 강조하는 한편, '일 년을 잘 지내려면 농사에 힘쓰고, 십 년을 편히 지내려면 나무를 심고, 백 년을 풍요롭게 지내려면 사람을 키워야 한다'라며 인재 양성을 통한 백년지계百年之計를 주장했던 사람이다.

관중은 나라를 유지하는 정신적 지주로써 사유四維인 예의염치禮,義,廉,恥를 강조했는데, 이것은 뒷날 공자와 맹자에 의해 사단칠정론四端七情論으로 발전해 유학의 근본으로 자리잡게 된다. 관중이 남긴 사상은 그의 저서 ≪관자管子≫에 잘 나타나 있다. 관자는 정치, 경제, 교육, 법률, 문화, 국방에 관한 내용을 광범위하게 다루고 있는데 고대 중국의 기틀을 다지는 데 중요한 역할을 했다고 평가받는 책이다. 그의 사상은 백가쟁명百家爭鳴 시기에 꽃을 피워 춘추전국시대 유세객들의 학설 대부분이 ≪관자≫에서 인용될 정도였으며 훗날 실사구시實事求是의 실학 정신에도 영향을 미쳤다.

그래서 조선의 임금들도 제왕학의 기본으로 ≪관자≫를 필독했는데 관

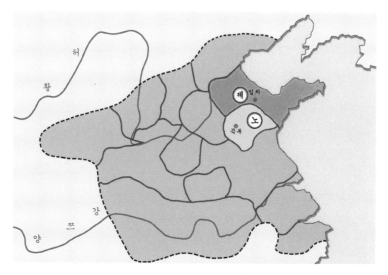

〈춘추시대 제(齊)나라와 노(魯)나라〉

중은 임금이 범할 수 있는 오류에 대해 '군왕은 곁에 뛰어난 신하가 없다
고 한탄하기 전에 먼저 신하를 잘 다스리고 있는지부터 반성해야 한다.
또한 물자가 부족하다고 걱정하기 전에 먼저 적절하게 분배되고 있는지
를 살펴봐야 한다. 훌륭한 군왕은 사사로움 없이 공정하게 행동함을 덕
으로 삼는 사람을 일컫는다'라고 관자에서 강조했다.

　이처럼 뛰어난 인물인 관중을 등용해 춘추시대에 가장 강력한 나라 제
齊를 만들었던 임금이 바로 환공이다. 이 환공과 관중을 이해하려면 먼저
역사적 배경부터 살펴볼 필요가 있다. 기원전 1100년경 주문왕의 아들
무왕이 은殷나라를 멸하고 주나라를 건국하면서 개국공신인 강태공에
게 산둥반도 지역의 제후에 봉하면서 떼어준 나라가 제齊다. 그리고 이때
부터 시작해서 진시황에 의해 전국시대가 막을 내리는 기원전 221년까지

약 900년간 가장 세력이 강했던 나라가 바로 이 제齊였다. 다른 제후국들에 비해 영토의 크기나 특산물의 종류, 지리적 위치 등 모든 면에서 우위를 점했던 제나라는 뛰어난 중신들과 인재들도 많아 항상 주변국들에게는 위협의 대상이었다.

이런 제나라가 안정기에 접어들면서 기원전 698년에 14대 군주 양공襄公이 즉위했다. 양공에게는 규糾와 소백小白이라는 남동생과 문강文剛이라는 여동생이 있었는데 이들은 서로 이복형제들이었다. 그런데 군주의 자질이 없던 양공이 이복 여동생 문강과 사통하는 음행을 저지르다 발각되어 신하들이 그녀를 인접한 노魯나라 군주 환공에게 시집보내 버렸다. 하지만 그 이후에도 두 사람의 부적절한 관계는 계속되었고, 나중에 이 사실을 안 노나라 환공이 부인 문강에게 죄를 추궁하자 문강은 양공을 시켜 환공을 살해해 버렸다. 이 사실을 안 이웃 여러 나라들이 모두 노나라의 편을 들어 제나라를 성토하자 제나라의 대신 공손무지公孫無知가 양공을 죽이고 15대 군주로 즉위하면서 사태는 일단락되었다. 하지만 공손무지 역시 1년 만에 신하들에게 암살당했고, 변란을 일으킨 대부 고혜高傒를 비롯한 신하들은 차기 군주를 결정하기 위해 고심하던 중 양공의 이복동생인 규와 소백 두 사람 중에서 한 명을 선정하기로 결정했다. 당시 이 두 사람은 이복형 양공이 살아있을 때 그의 암살 위협에서 벗어나고자 이웃 나라로 망명한 처지였는데, 형인 규는 노魯나라로, 동생인 소백은 거莒나라로 각각 망명해 있었다. 하지만 양공이 죽고 그 뒤를 이은 공손무지마저 제거되자 하는 수 없이 신하들은 규와 소백 두 사람 중 먼저 제나라의 수도 임치臨淄로 돌아오는 사람을 다음 군주로 추대하기로 합의했다. 이 소식을 들은 규와 소백은 서로를 견제하며 먼저 귀국하려고 필사의 노력을 다하게 되는데, 이때 형인 규를 보필한 사람이 관중管仲이고 동생인 소백을 보필한 사람이 포숙아鮑叔牙였다.

관중과 포숙아는 젊어서부터 서로 둘도 없이 친한 사이였으나 이제는 서로 물리치지 않으면 안 되는 경쟁자 관계로 돌변해버렸다. 상황이 이처럼 급박하게 돌아갈 무렵 동생 소백이 먼저 귀국할 기회를 잡았고, 결국 이복형 규의 책사였던 관중은 소백을 암살하기로 마음먹었다. 드디어 소백이 제나라로 접어드는 골짜기에 이르렀을 때 매복해 있던 관중은 말을 타고 지나가는 소백에게 화살을 날렸고, 시위를 떠난 화살은 정확하게 소백의 배에 꽂혔다. 비명과 함께 소백은 말에서 떨어졌고 관중을 비롯한 암살단은 서둘러 그 자리를 떠났다.

그 후 관중과 규는 행군 속도를 늦추며 여유있게 이동하여 보름만에 제나라 국경에 닿았는데, 그때는 이미 임금이 결정된 다음이었다. 관중이 쏜 화살은 소백의 배에 맞기는 했지만 화살이 허리띠에 달린 쇠고리에 맞는 바람에 소백이 실제로 깊은 상처를 입지는 않았던 것이다. 사태를 재빨리 간파한 포숙은 서둘러 휘장을 치고 소백이 죽은 것처럼 위장했고, 골짜기를 벗어난 뒤 말을 더욱 서둘러 몰아 제나라에 도착하자마자 즉위식 없이 곧바로 취임하게 했던 것이다. 이렇게 해서 제나라의 열여섯 번째 군주가 즉위하게 되니 이 사람이 바로 춘추시대 초대 패자霸者인 환공桓公이다.

환공은 즉위하자마자 이복형 규를 제거하고 자기에게 화살을 쏜 관중을 소금에 절여 죽이려 했다. 하지만 이때 포숙아가 환공을 말리며 나섰다. "군께서 제나라만을 다스리려고 하신다면 고혜와 저만으로 충분할 것입니다. 하지만 패자_{覇者}가 되어 천하를 논하고자 하신다면 이오_{夷吾 ; 관중의 이름}가 없이는 어렵습니다. 순간의 미움은 뒤로 하시고 그를 등용하여 중히 쓰십시오"라고 간언했다.

하지만 관중에 대한 미움이 골수에 박혀있던 환공으로서는 쉽게 마음이 열리지 않았다. 그러던 어느 날 환공이 주변의 곽_虢나라를 점령한 후 민심을 살피고자 점령지를 지나가게 되었다. 그런데 길가에 노인들이 모여 머리를 풀어헤치고 땅을 치며 통곡하고 있길래 이상하게 여긴 환공이 다가가 물었다. "노인들은 무슨 일로 이리 슬피 울고 계시오?" 그러자 "우리 곽나라가 제나라에게 망했습니다. 그래서 울고 있는 것입니다"라고 노인들이 대답했다.

환공이 다시 물었다. "그대의 곽나라는 왜 망했소?" 그러자 노인들이 "우리 임금이 어진 신하를 좋아했고 악한 신하를 미워했기 때문입니다"라고 대답했다. 그러자 환공이 이해할 수 없다는 표정으로 다시 물었다. "아니, 그대의 임금이 어진 신하를 좋아하고 악한 신하를 미워했다면 나라가 흥해야지 왜 망했단 말이오?" 그러자 노인들이 땅을 치며 말하기를 "예. 우리 임금은 어진 신하를 좋아했지만 등용할 그릇이 못되었고, 악한 신하를 미워했지만 내칠 역량이 못되었습니다. 그래서 망한 것입니다"라고 대답했다.

이 말을 듣고 깊이 깨달은 환공은 관중을 등용하기로 결심했다. 환공은 목욕재계한 뒤 관중의 족쇄와 수갑을 직접 풀어주면서 예를 갖췄고, 관중 역시 세 번 향을 피운 다음 환공을 주군으로 모시는 예를 올렸다.

齊桓公

〈환공(桓公)〉

자신의 배에 화살을 꽂았던 사람을 스승으로 맞이한 환공. 크고 작은 80 여 회 전투에서 한 번도 진 적이 없는 춘추시대의 패자霸者 제나라 환공은 이렇게 관중을 맞아들였던 것이다.

관중을 등용한 환공은 부국강병을 위해 인재를 발탁하는 것이 중요함을 알게 되었고, 천하의 인재를 모으기 위해 관중의 의견대로 성문에 인재를 모집하는 방榜을 붙였다. 하지만 일 년이 다 되도록 한 명도 찾아오는 사람이 없었다. "아니, 이렇게도 이 나라에 인재가 없단 말이가?"라며 환공이 한탄하고 있던 어느 날, 시골 노인 한 명이 스스로 뛰어난 재주가 있다며 환공을 만나기를 청했다.

"그래, 그대의 재주는 무엇인가?"라고 환공이 물으니 시골 노인이 "저의 재주는 구구단을 잘 외는 것입니다"라고 대답했다.

큰 기대를 걸었던 환공은 낙담하며 "아니, 그것도 재주라고 할 수 있겠는가?"라고 말하니 시골 노인이 정색하며 다음과 같이 말했다.

"대왕께서 인재를 구하기 시작한 지 1년이 다 되도록 한 사람도 구하지 못했다는 얘기를 들었습니다. 그 이유가 무엇인지 아십니까? 그것은 대왕의 능력이 워낙 출중하시기 때문에 어지간한 재주를 가진 사람이 아니고서는 지레 겁을 먹고 아무도 나서지 못하기 때문입니다. 저의 구구단 능력은 재주도 아니지만 이 정도의 재주도 대우받는다는 사실이 널리 퍼지게 되면 온 나라의 재능 있는 사람들이 모두 찾아올 것입니다."

그러자 환공이 고개를 끄덕이며 시골 노인을 등용했고, 그 후 채 반 년이 지나지 않아 온 나라의 인재들이 앞다퉈 궁궐로 모여들었다.

예로부터 '임금은 밤하늘의 보름달이 되거나, 아니면 대지大地를 적시는 물이 되라'고 했다. 밤하늘의 보름달처럼 천하를 가리지 않고 골고루 비추는 전지전능한 존재가 되거나, 그럴 수 없으면 차라리 존재감이 없는 물이 되라는 뜻이다. 이것도 저것도 아닌 어중간한 존재가 되면 백성들에게 부담만 주게 되니 이것보다는 차라리 존재 여부를 잘 느끼지 못하는 물이 더 낫다는 얘기다. 그래서 최고의 임금으로 꼽히는 이상형은 백성들로부터 존경받는 임금이 아니라 물이나 공기처럼 백성들이 존재 자체를 느끼지 못하는 임금이다.

그 임금에 그 신하라 아니할 수 없는, 역사 이래 최상의 군신君臣 조합이 바로 이 '환공'과 '관중'이다. 그래서 환공은 죽기 전, "내가 관중의 말을 듣기 시작하고부터 눈이 더욱 밝아졌으며 귀 또한 총명해졌다. 그래서 감히 일을 독단적으로 하지 않게 되었다"는 말을 남겼다.

왕의 얼굴과 어진御眞

임금의 초상화를 '어진御眞'이라 한다. 하지만 어진은 그림이 아니다. 어진은 그 자체로 이미 임금과 똑같은 권위가 있는 신령스러운 존재이므로 어진 속 얼굴을 그릴 때는 시시각각 변하는 감정이 묻어나서는 안 된다. 따라서 어진을 그릴 때는 대상의 초상肖像을 그려 그 정신을 전하는 전신사조傳神寫照에 충실하여 수염한 올까지 그대로 그려 넣되 점이나 흉터는 그리지 않는다. 어진에서 왕은 손을 밖으로 보이지 않고 양손을 모은 채 소매 속에 숨긴다. 조선은 유교가 국교인 나라로 양손을 단정히 모아 쥐는 것이 예의 기본자세이기 때문이다. 또한 어진은 정확하게 좌우가 대칭이 되게 그리는데, 그것은 사·농·공·상 또는 높고 낮음에 관계 없이 모든 백성에게 똑같이 임금의 은혜

《태조 어진(御眞) 모사본(模寫本)》 국보 제317호,
조중묵(趙重默)·박기준(朴基駿) 作, 1872년
전주 경기전 어진박물관 소장, 문화재청에서 이미지 제공

가 내리게 한다는 것을 의미한다. 조선시대 스물일곱 명의 임금 중에 어진이 남아 진짜 얼굴을 확인할 수 있는 임금은 태조, 세조, 영조, 철종, 고종, 순종 정도에 지나지 않는다. 한국전쟁 직후 임시 수도였던 부산으로 옮겨진 어진들은 1954년 12월 4일 부산 동광동 판자촌에서 발생했던 화재로 7점의 어진만 화재 현장에서 구할 수 있었고 나머지 40여 점은 허무하게 한 줌의 재로 사라지고 말았다. 어진 중에 임금의 성정이 가장 잘 묘사된 것이 보물 제932호인 영조 어진이다. 살짝 치켜 올라간 눈꼬리와 날카로운 코끝은 영조의 정신 세계와 성정이 가장 잘 드러난 것으로 평가받고 있지만 아쉽게도 이것은 원본이 아니라 1900년도에 어진화사 채용신과 조석진이 원본을 그대로 베낀 모사본이다.

《영조 어진(御眞) 모사본(模寫本)》 보물 제932호,
채용신(蔡龍臣)·조석진(趙錫晉) 作, 1900년
국립고궁박물관 소장, 문화재청에서 이미지 제공

어진 속 왕들의 복식은 붉은색 곤룡포가 기본인데 가슴과 양 어깨에 용을 그린 황색 보補를 덧대 입었다. 하지만 개국 임금 태조 이성계의 용포는 유일하게 푸른색이다. 고려시대에는 붉은색보다 푸른색을 더 높이 평가했기 때문인데, 조선 개국 시기인 14세기 말에는 여전히 고려의 잔재가 강하게 남아 있었다고 볼 수 있다.

인재중용 리더십

후한(後漢) 말 약 100년간 지속되었던 풍운의 삼국시대에 수많은 인걸들이 명멸해 갔지만 그 시대를 함께 살았던 인물들 중에 조조만큼 사회와 문화에 큰 영향을 끼친 사람은 드물다. 나아가 중국 역사를 통틀어 보더라도 분명한 목표의식을 기반으로 한 호방함과 인재 양성에 대한 탁월한 식견은 그 누구도 조조를 따라가지 못할 것이다. 조조는 병가(兵家), 법가(法家), 유가(儒家), 도가(道家) 등 거의 모든 제자(諸子)의 사상에 정통했을 뿐만 아니라 여러 권의 병법서를 저술하고 ≪손자(孫子)≫ 13편에 주석을 달았던 인물이다.

11

인재중용 리더십
- 조조曹操

예로부터 '사람을 얻는 자가 천하를 얻고 시대의 주인이 된다'는 사실을 모르는 사람은 없었지만 이를 잘 실천해서 역사의 주인공이 된 사람은 흔치 않다. 그 이유로는 여러 가지가 있겠지만 그 중 가장 대표적인 것은 첫째, 리더로서 사람을 보는 안목이 없었거나 둘째, 그들을 다룰 능력과 식견이 부족했거나 셋째, 리더로서 그들을 담을만한 그릇이 되지 못했기 때문이다.

이처럼 훌륭한 리더가 되는 방법은 누구나 알고 있지만 정작 그런 리더가 되기 위해 갖추고 실행해야 할 덕목은 어렵고 험난한 것이다. 그래서 서양의 한비자韓非子라 불리는 마키아벨리Niccoló Machiavelli는 리더의 자질론에 대해 '군주라고 해서 반드시 여러 가지 좋은 자질을 갖추고 있을 필요는 없다. 하지만 갖추고 있는 것처럼 다른 사람들이 생각하게 만들 필요는 있다. 나아가 실제로 갖추고 있으면 짐스럽기만 한데 오히려 갖추고 있는 것처럼 여기게 만드는 편이 더 간편하고 유익하다'고 이야기하기도 했

曹操

〈조조(曹操)〉

다. 마키아벨리의 주장과 같이 역사를 통틀어 부하들로 하여금 그런 자질을 갖추고 있는 것처럼 생각케 만든 최고의 리더를 꼽자면 조조가 단연 으뜸일 것이다.

사람들은 일반적으로 중국의 위魏·촉蜀·오吳나라 3국의 정사正史를 다루고 있는 ≪삼국지三國志≫보다는 ≪삼국지연의三國志演義≫에 길들여져 있어 유비를 인자한 리더의 대명사로, 조조를 교활한 인물의 상징으로 여겨왔다. 하지만 소설 속의 조조와 역사 속의 조조는 엄연히 구분되어야 하며, 그가 이룩한 공적에 대해서도 과소평가해서는 안된다.

원래 ≪삼국지≫는 진晉나라 사람인 진수陳壽가 위서魏書 30권, 오서吳書 20권, 촉서蜀書 15권의 총 65권으로 저술했던 역사서다. 이것을 약 1000년 후 명나라 때 나관중羅貫中이 소설 형태인 ≪삼국지연의≫ 24권으로 발간하게 되면서 세상에 널리 알려지게 되는데 이를 '나본羅本'이라 한다.

그러다 청나라 때 모종강毛宗崗이 나본을 각색하고 다시 엮어서 '모본毛本'을 발행했다. 우리가 중국과 정식으로 외교를 수립하기 이전에 읽었던 삼국지는 대만을 통해 들어왔던 이 모본 삼국지였다. 모본 삼국지는 지명과 인명 그리고 역사적 사실관계 등에서 오류가 상당히 많았는데, 그 중 가장 대표적인 오류가 조조에 대한 인물 평가였다.

인간 조조의 가장 큰 장점은 호방한 기개의 소유자라는 것이다. 그는 사소한 일에는 구애받지 않는 대범한 인물이었다. 서기 200년, 관도전투官渡戰鬪에서 원소袁紹를 물리친 후 원소 진영을 시찰하던 중 그의 부하와 원소가 내통한 편지가 발견되었다. 그때 대부분의 사람들은 내통한 자들을 색출해서 죽여야 한다고 했지만 조조는 "원소의 세력이 워낙 강해서

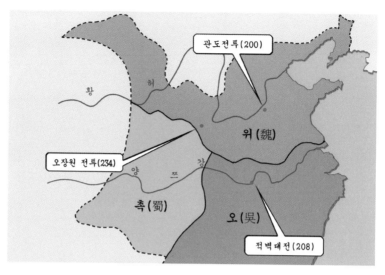

〈삼국지 3대 전투〉

사실 나도 두려웠는데 하물며 다른 사람들이야 말해 무엇하겠느냐. 이제
와서 따져봐야 피바람만 몰아친다. 지난 일은 다 잊고 새롭게 시작하자"
라고 말하며 그 편지를 모두 불태워버렸다.

또한 곽가郭嘉의 건의로 오환을 정벌하려고 했을 때 대부분의 사람들이
반대했으나 결국 조조는 그 반대를 무릅쓰고 정벌을 감행해 대승을 일
궈냈다. 전쟁에서 승리한 후 조조는 오환 정벌에 반대했던 사람들은 왼
쪽에 모이라 하고, 찬성했던 사람들은 오른쪽에 모여 서라고 했다. 상당
수의 사람들이 오른쪽으로 몰려 서로 마주보고 웃으며 칭찬받기를 기다
리고 있을 때 조조는 왼쪽에 모여 두려움에 떨고 있던 사람들을 향해 큰
절을 올렸다. 모두 놀라 당황해하고 있을 때 조조는 출정을 반대했던 사
람들을 향해 "여러분들의 반대와 충고로 미처 생각하지 못했던 문제점을

〈곤설(袞雪)바위와 조조 동상〉
중국 산시성 한중시 소재, 문상헌 서남민족대학교 교수 촬영 및 사진 제공

보완했고, 그 결과 만전의 계획을 세워 승리를 거둘 수 있었다"며 오히려 그들에게 후한 상을 내렸다. 그리고 평소 상을 내릴 때나 부하들을 대할 때는 소어笑語; 웃는 얼굴과 말투, 활달豁達; 생기 있고 활기 넘치게 응대, 청수聽受; 다른 사람들의 말에 적극적으로 귀를 기울임 세 가지를 보여주고 실천했던 사람이 조조였다.

조조는 서기 215년 한중漢中 원정길에 포강褒江의 물줄기가 안개처럼 부서지는 풍광을 보고 붓으로 바위에 곤설袞雪이라는 두 글자를 남겼다. 이 곤설 글자에는 세 가지 의미가 내포되어 있는데, 첫째는 경치 그대로 양평관 포강 물줄기의 격렬함을 노래한 것이고, 둘째는 이 포강의 물줄기처럼 한중 정벌을 나온 조조군의 기세가 대단하다는 것을 과시한 것이며, 셋째는 조조가 한중을 점령하고 위왕魏王의 자리에 오르겠다는 각오를 표

현한 것이다. 세 번째 의미에는 재미있는 이야기가 포함되어 있다. 곤설兪
雪이라는 글자를 보면 원래 물이 세차게 흐르는 모양을 나타내는 글자인
'흐를 곤滾'에서 물을 의미하는 삼수변; ;水이 빠졌다. 손에 물거품이 날아
와 묻어서 굳이 삼수변을 쓸 필요가 없었다는 조조의 이야기에서 시인
으로서의 면모가 엿보인다. 그러나 일각에서는 왕이 입는 곤룡포를 뜻하
는 말인 '곤兪'을 씀으로써 위왕魏王에 오르겠다는 의지를 드러냈다고 해석
하기도 한다.

이처럼 뛰어난 문학적 소양과 원대한 포부를 가진 조조였지만 리더로
서 그의 역량을 꼽으라면 그것은 단연 인재를 등용하고 이를 활용하는
용인술일 것이다. 그는 재능있는 사람을 적재적소에 등용하고 상벌을 분
명하게 하여 동기부여를 극대화시켰기에 사방에서 인재들이 모여들었다.
그래서 그의 주변에는 항상 뛰어난 인재들로 넘쳐났으며 적군의 명장과
책사였음에도 조조에게 투항해 온 사람도 적지 않았다.

조조의 책사策士로 첫손가락에 꼽히는 순욱荀彧은 원래 원소 밑에서 일했
지만 그의 안목과 그릇에 실망해 조조에게로 넘어왔다. 이때 조조는 순
욱이 자신에게 찾아오자 맨발로 뛰어나가면서 "오. 나의 장자방[장량張良]
이 이제야 나를 찾아왔구려"라면서 크나큰 기쁨을 나타내기도 했다. 또
한 '거짓편지 사건'으로 유비 밑에 있던 서서徐庶를 조조에게로 불러들인
정욱程昱도 순욱이 추천해서 조조에게 합류한 인물이었으며, 조조가 적벽
대전에서 참패한 후 피눈물을 흘리며 그리워했던 곽가 역시 같은 고향 사
람인 정욱이 추천한 인물이었다. 순욱보다 나이는 여섯 살 많지만 순욱
의 조카뻘에 해당하는 순유荀攸 역시 이런 식으로 조조 곁으로 모인 인재

들이었다.

일본의 《삼국지》 연구가들은 '삼고초려三顧草廬가 아니더라도 제갈량은 처음부터 유비 진영으로 갈 수밖에 없었다고 얘기하기도 한다. 왜냐하면 조조에게는 뛰어난 책사들이 줄지어 있었기 때문에 신출내기 제갈량이 가봤자 크게 쓰일 상황이 아니었을 뿐만 아니라 역량을 제대로 발휘할 기회가 거의 없었을 것임을 제갈량 스스로 잘 알고 있었다는 것이다. 또한 손권은 강동에서 보수적으로 수성守城의 계획만 세우던 터라 새로운 책사 영입에 그다지 적극적이지 않았다. 그래서 자신을 아쉬워하고 크게 써줄 인물은 유비밖에 없었기 때문에 결과적으로 유비 진영으로 합류할 생각이었으면서도 삼고초려를 통해 제갈량 본인의 권한과 파워를 최대한 확보하는 모양새를 만들었다고 보는 것이다.

여하튼 조조의 사람 욕심은 끝이 없었다. 하비성 전투에서 패한 관우가 조조에게 포로로 잡혔다가 통행증도 없이 무력으로 조조의 여섯 장수를 죽이며 다섯 개의 관문을 뚫고 지나가는 '오관참육장五關斬六將'을 벌일 때, 측근들 모두가 관우를 죽이라고 했지만 조조는 관우의 의리와 용기에 매료되어 그를 살려보내 주었다. 그리고 장판파 전투에서 유비의 젊은 장수 조운[조자룡趙子龍]이 죽음을 무릅쓰고 유비의 부인인 감부인甘夫人과 미부인糜夫人, 그리고 어린 아들 아두[유선劉禪]를 구하려고 단기필마로 조조 진영에 뛰어들어 고군분투할 때, 산 위에서 이 모습을 지켜보던 조조는 조자룡이 너무 탐이 나 군사들에게 화살촉을 빼고 화살을 쏘도록 명령했다.

이러한 용인술 이외에도 사람들이 조조에 대해 거의 모르고 있는 부분이 바로 그가 뛰어난 문학자이며 사상가라는 것이다. 조조는 병가兵家, 법가法家, 유가儒家, 도가道家 등 거의 모든 제자諸子의 사상에 정통했다. 조조는 여러 권의 병법서를 저술하고 ≪손자孫子≫ 13편에 주석을 달았는데, 현재 우리가 알고 있는 ≪손자孫子≫는 조조가 해석하고 주석을 단 것이다. 그래서 일부에서는 손자병법孫子兵法의 대가였던 조조와 육도삼략六韜三略에 능통했던 제갈량 때문에 삼국지를 조조와 제갈량의 대결, 혹은 손자병법과 육도삼략의 대결이라고도 한다.

후한後漢 말 약 100년 간 지속되었던 풍운의 삼국시대에 수많은 인걸들이 명멸해 갔지만 그 시대를 함께 살았던 인물들 중에 조조만큼 사회와 문화에 큰 영향을 끼친 사람은 드물다. 나아가 중국 역사를 통틀어 보더라도 분명한 목표의식을 기반으로 한 호방함과 인재 양성에 대한 탁월한 식견은 그 누구도 조조를 따라가지 못할 것이다.

비록 조조는 당시의 시대적 한계를 극복하지 못하고 많은 사람들을 살상하는 잘못은 범했지만, 할거세력을 평정하고 시대의 요구에 부합하는 정책들을 많이 시행했다. 대표적인 것이 둔전제屯田制였는데, 조조는 전쟁이 없는 평상시에 병사들로 하여금 땅을 개간하고 농사를 짓게 하여 둔전을 운영했었다. 이로 인해 유비나 손권보다 훨씬 많은 식량을 확보할 수 있었음은 물론이고, 평상시에 무료한 병사들이 민간인을 상대로 벌이는 사회적 문제나 범죄를 사전에 차단할 수 있었다. 적벽대전에서 손권의 오吳나라 군사보다 스무 배가 넘는 100만에 가까운 병사를 움직이고 유지할 수 있었던 비결도 바로 이 둔전제 덕분이었다. 조조는 더러 잔혹했지만 포악하지는 않았고, 냉혹했지만 그렇다고 무정하지는 않았다. 조조는 능력이 워낙 뛰어났기 때문에 항상 주변으로부터 경계 대상이 되었다. 조조는 스스로 황제에 오르지도 않았고 황제라 칭하지도 않았지만 사람들은 그를 한漢나라를 찬탈한 도적이라 욕하는 반면, 유비와 손권은 무도하게 황제의 자리에 올랐음에도 불구하고 황위를 찬탈했다며 욕하지는 않는다.

동서고금을 막론하고 인재를 바로 볼 줄 알고, 적소에 배치할 줄 알며, 작은 허물을 덮어주고 장점을 극대화시키는 능력을 가졌던 리더, 그래서 부하들로 하여금 조직을 향한 끝없는 충성심을 유발시켰던 리더에 대해 논한다면 단연 조조가 으뜸이라 하겠다.

안평대군安平大君과 몽유도원도夢遊桃源圖

영화 〈관상〉2013은 수양대군이 1453년 음력 10월 10일 밤 김종서와 그를 따르는 천하제일의 관상가 김내경을 제거하고 왕이 되는 과정을 그린 것으로, 첫 장면과 끝 장면이 똑같은 영화다. 눈 내리는 추운 겨울 밤, 마당에서는 호위무사들이 화톳불에 손을 녹이고 있고, 방 안에서는 영의정 한명회가 칼을 들고 바들바들 떨고 있다. 천하제일의 관상가가 일찍이 목이 잘릴 상이라고 말했던 기억 때문에 자객의 침입을 두려워한 한명회가 집 안팎을 지키고 있는 장면이다.

이 영화의 주인공인 송강호의 얼굴은 국보 제240호인 〈윤두서尹斗緖 자화상〉을 연상케 한다. 공재恭齋 윤두서는 고산 윤선도의 증손자로 조선시대 후기 학자이면서 미술가다. 그의 작품 중에는 말馬을 그린 그림이 많았고, 또한 평생 말을 타고 다닌 적이 거의 없을 정도로 말을 소중히 여겼다고 한다.

〈윤두서의 자화상〉은 한 올 한 올 섬세하게 그려진 구레나룻과 수염, 보는 사람을 꿰뚫을 듯 안광이 뿜어져 나오는 눈, 꼬리 부분이 치켜 올라간 눈썹 등 여타 초상화와는 비교가 되지 않는 수작으로 단 네 점에 불과한 국보 초상화 중 하나다.

영화 〈관상〉 포스터의 초상화를 살펴보면 김종서는 호랑이상像, 김내경은 구렁이상像, 그리고 수양대군은 간악한 이리상像으로 묘사되어 있다. 원래 김종서는 북방의 호랑이라고 불렸으니 호랑이상이 맞을 것이다. 배우 송강호가 맡은 관상쟁이 김내경은 실제로는 당대 최고의 관상가였으며 수양대군에 의해 김종서와 함께 죽음을 맞이했던 목효지를 되살린 것이다.

그런데 수양대군의 초상화는 아무래도 제작진의 주관적인 의도가 많이 개입된 것

〈세조 어진(御眞) 모사본(模寫本) 초본(抄本)〉
김은호(金殷鎬) 作, 1935년
국립고궁박물관 소장 및 이미지 제공

같다. 위의 어진은 세조의 어진을 보고 베낀 모사본 초본이다. 조선의 마지막 어진화사 김은호가 그린 완성본은 1954년 임시수도였던 부산에서 화재로 불타버렸고 그 초본만 남아 전한다. 영화 〈관상〉의 수양대군 이미지와는 너무나도 다른데, 수양대군을 간악한 이리상으로 묘사한 것도 그렇고 수양대군의 얼굴에 칼자국을 낸 것을 봐도 제작진이 그를 영화의 양대 축인 선악善惡구도에서 악惡의 중심축으로 잡은 듯하다.

계유정난癸酉靖難을 통해 김종서金宗瑞를 제거하고 영의정이 된 수양대군은 1455년 윤 6월 11일 단종端宗의 선위 교서를 받고 보위에 오르니 그가 곧 세조世祖다. 그리고 이듬해인 1456년 음력 6월 1일, 세조를 제거하기 위한 논의가 비밀리에 진행되다가 비밀이 누설되는 바람에 관련자들이 의금부로 압송되어 왔다. 우리가 사육신이라 부르는 인물들을 중심으로 의금부에서 심문이 연일 이어졌는데, 임금이 친히 국청을 열어 심문할 정도로 세조는 격노했고 잡혀 온 이들을 고문하는 소리가 온 장안을 뒤덮었다고 한다. 7일간 극심한 고문을 받던 성삼문成三問과 관련자들은 결국 6월 8

일 사지가 찢어지는 거열형車裂刑에 처해졌고, 성삼문이 죽은 뒤 그의 식솔들 또한 참화를 면할 수 없었다. 도총관이었던 아버지 성승成勝은 물론이고 삼빙三聘, 삼고三顧, 삼성三省 형제와 네 명의 아들 역시 처형을 면치 못했다.

세조는 군왕으로서의 업적은 적지 않은 편이지만 역사는 그에게 따뜻한 평가를 내리지 않는다. 그럴 수밖에 없는 가장 큰 이유는 아마 여인의 정절을 짓밟은 반인륜적인 처사 때문일 것이다. 성삼문은 세조와 그의 추종 세력 시각에서는 분명 역도逆徒임에 틀림없다. 역도는 삼족을 멸하고, 관련 여식女息들은 관비官婢로 만드는 것이 당시 율법이었다. 관비는 관아에서 부리는 여자 종을 말한다.

하지만 세조는 사육신의 여식들을 공신들에게 주었다. 성삼문의 처妻 김차산과 딸 성효옥은 박종우朴從愚에게 비첩婢妾으로 주고, 박팽년朴彭年의 처는 정인지鄭麟趾에게 주고, 이개李塏의 아내는 강맹경姜孟卿에게 주었으며, 유성원柳誠源의 아내와 딸은 한명회韓明澮에게 주었다. 여인의 정절을 그 무엇보다 중요시하는 조선 사회에서 아무리 역적이라 하더라도 사대부의 부녀자들을 한때는 동료였던 공신들에게 하사했던 이유는 사육신의 절개를 폄하하고 죽은 귀신을 괴롭히는 가장 효과적인 방안이었기 때문이다.

역사가 세조수양대군에 대한 평가에 인색한 또 다른 이유는 〈몽유도원도夢遊桃源圖〉 사건 때문이다. 세조는 세종의 둘째 아들로, 할아버지인 태종 이방원의 기질을 빼닮아 문무文武에 능한 인재 중의 인재였다. 세종의 장남이 문종文宗이고 셋째 아들이 안평대군安平大君인데, 안평대군은 수양대군과는 한 살 차이 동생으로 역량과 그릇이 평범하지 않았다. 더욱이 안평대군은 어릴 적부터 그림을 워낙 좋아해서 그림 보는 눈이 탁월했을 뿐만 아니라 그리는 재주 또한 뛰어났다. 그래서 평소 불우한 화가들을 많이 도와주었고 자연스럽게 그에 대한 평판도 높았다.

안평대군이 서른 살이 되는 해인 1447년, 어느 날 잠을 자다가 신선들과 무릉도원武陵桃源에서 노는 꿈을 꾸었다. 꿈에서 깨어나보니 너무나 생생해서 그것이 차마 꿈이라고 지나쳐 버리기에는 아쉬움이 컸다. 그래서 평소 많은 도움을 주었던 화가 안견安堅을 불러서 그 꿈 얘기를 들려줬고, 그 얘기를 들은 안견이 자기 집에 돌아가서 사흘 만에 그려온 그림이 바로 〈몽유도원도〉이다.

〈몽유도원도(夢遊桃源圖)〉 안견(安堅) 作, 1447년
일본 천리대학(天里大學)도서관 소장.
이미지 출처: 위키미디어 공용(Wikimedia Commons) 퍼블릭 도메인

참고로 〈몽유도원도〉는 현재 일본 교토 근처의 천리대학도서관에 소장되어 있다. 역사적으로 일본은 조선의 미술 수준을 따라오지 못했기 때문에 미술품과 도자기를 끊임없이 수탈했다. 특히 조선 말기에는 친일파들에 의해 많은 미술품들이 헐값에 일본으로 팔려갔는데, 일본 천리대학도서관에는 이때 수탈된 안견의 〈몽유도원도〉 이외에도 우리의 많은 유물들이 소장되어 있다. 여기에는 영의정 채제공 상像, 좌의정 김종수 상像, 영의정 심환지 상像, 한음 이덕형 상像, 매월당 김시습 상像, 오리 이원익 상像, 포은 정몽주 상像 등 국내 소장본보다 많은 200여 점의 인물 초상화들이 ≪초상화첩≫이라는 이름으로 소장되어 있다.

대작 〈몽유도원도〉가 탄생한 뒤 1450년 정월에 평소 안평대군과 친분이 깊은 스물세 명의 선비들이 날을 잡아 그림 구경을 왔다. 당시에는 훌륭한 그림을 감상하게 되면 그에 걸맞는 감상평을 써 답을 하는 예禮를 갖추는 것이 관례였다. 이때 〈몽유도원도〉를 감상한 스물세 명의 선비들 역시 각자 느낀 소감을 한 구절씩 적었는데, 여기에 찬문을 남긴 인물들은 성삼문, 신숙주申叔舟, 김종서, 박팽년, 이개, 정인지, 최항崔恒 등 평소 안평대군과 친밀한 사람들이었다. 이로부터 10년이 지나지 않아 세조와 사돈을 맺은 정인지를 비롯한 서너 명을 제외하고는 감상평을 썼던 선비 스물세 명 대부분이 수양대군에게 죽고 말았다. 그것은 그 감상평들의 내용이 대부분 안평대군을 칭송하는 찬문讚文이었기 때문이다.

〈무계정사(武溪精舍) 터〉
서울특별시 종로구 부암동 소재, 문화재청에서 이미지 제공

이런 연유로 〈몽유도원도〉는 결국 살생부가 되어버렸고, 이상낙원인 무릉도원武陵桃源은 피의 그림이 되어 세조의 잔혹함을 이야기할 때 가장 먼저 회자되는 소재가 되어버렸다. 영화 〈관상〉의 제작진도 아마 이런 이유 때문에 수양대군을 이리像에 칼자국이 난 얼굴로 영화 포스터를 만들지 않았을까 싶다.

한편 안평대군은 〈몽유도원도〉가 완성된 후 북소문인 창의문 외곽에 정자인 무계정사武溪精舍를 세우고 1만 권의 장서를 보관하며 선비들과 교류하며 지냈다. 위 사진의 바위에 새겨진 '무계동武溪洞'이라는 글씨는 안평대군이 썼던 것으로 전해진다. 안평대군이 사사賜死당한 이후 폐허로 변해 지금은 터만 남아있다.

제 12 장

인내 리더십

도요토미 히데요시는 임진왜란 직전에 도쿠가와 이에야스에게 영지(領地)인 나고야를 떠나서 멀리 에도(江戶; 도쿄)로 옮길 것을 명했다. 히데요시의 이처럼 가혹한 처사에도 이에야스는 냉정했고 불평 한마디 하지 않았다. 모든 것을 빼앗기고 에도로 쫓겨간 그는 황무지였던 그곳에 새로운 기틀을 마련해나갔다. 이에야스의 이 같은 노력에 히데요시는 조선 출정 당시 다른 다이묘들과는 달리 그에게서만은 군비와 군사를 거의 차출하지 않았다. 그리고 이것이 훗날 도쿠가와 이에야스가 도요토미 히데요시 세력을 무너뜨릴 수 있는 결정적인 계기가 되었다.

12

인내忍耐 리더십
- 도쿠가와 이에야스德川家康

　　　　　　일본에서는 역사적으로 15세기 말부터 약 100년
동안 300여 명의 군웅群雄이 약육강식의 난전을 벌였던 피비린내 나는 전
국시대戰國時代가 지속되었다. 하지만 그 군웅들의 대부분은 처절한 전란
의 소용돌이 속에서 하나 둘씩 역사의 그늘로 사라졌고, 가까스로 천하
를 움켜쥘만한 자리 근처에 도달했던 사람은 영화 〈카게무샤影武士〉1998로
유명한 다케다 신겐武田信玄과 NHK 드라마 〈풍림화산風林火山〉2007의 주인공
인 우에스기 겐신上杉謙信을 비롯해 오다 노부나가織田信長, 도요토미 히데요
시豊臣秀吉, 그리고 도쿠가와 이에야스德川家康 등 7~8명 정도에 지나지 않았
다. 이처럼 난전의 시대를 거친 후 결국 일본의 전국시대는 도쿠가와 이에
야스에 의해 막을 내리게 되고, 그 후 메이지 유신明治維新이 일어나기까지
265년 동안 도쿠가와 막부체제幕府體制가 펼쳐지게 된다.

　사람들은 흔히 전국시대를 종결시킨 난세의 영웅들로 오다 노부나가와
도요토미 히데요시, 그리고 도쿠가와 이에야스 세 사람을 꼽는다. 오다

〈오다 노부나가(織田信長)〉

노부나가는 중세 이후 일본의 낡은 가치관을 타파했고, 도요토미 히데요시는 새로운 가치 체계를 가진 일본을 건설했으며, 도쿠가와 이에야스는 이 두 사람의 장점을 결합하여 업적을 발전시켜 나갔다. 사실 어떻게 보면 도쿠가와 이에야스는 리더로서 천재적인 자질을 가진 사람은 아니었다. 하지만 그에게는 남이 할 수 없는 일을 하며 때를 기다리는 인내의 정신과 함께 고난 속에서 배양된 지혜가 있었으니 그것이 바로 그를 천하인天下人으로 끌어 올린 원동력이었다.

도쿠가와 이에야스를 보다 잘 이해하기 위해서는 우선 오다 노부나가와 도요토미 히데요시를 살펴볼 필요가 있다. 사람들은 흔히 울지 않는 두견새를 두고 이 세 사람의 통치 스타일을 비교해 왔다. 울지 않는 두견새가 있다면 오다 노부나가는 필요 없다고 바로 죽여 버리고, 도요토미 히데요시는 어떤 방법을 동원해서라도 울게 만들며, 도쿠가와 이에야스는 두견새가 울 때까지 기다리며 인내한다는 것이다. 사실 이 비유만큼 세 사람의 통치 유형을 잘 설명해 주는 예는 없다고 본다.

오다 노부나가는 전국전란시대에 통일의 초석을 놓은 카리스마 넘치는 혁신가였다. 구체제와 낡은 관습 타파를 통해 새로운 인재를 등용했는데, 이렇게 등용된 인재 중 한 사람이 바로 도요토미 히데요시다. 또한 화폐 주조를 통해 상업을 활성화시키고, 군대를 개편하여 전국시대 최초로 조총을 실전에서 활용하는 등 혁신적인 정책으로 천하통일 대업의 기틀을 마련했던 인물이었다. 그는 미래를 개척하는 데 과거의 관습을 따르지 않고 자신의 파격적인 발상만으로 난세를 헤쳐나갔다. 그에게는 남들에게 다 있는 군사軍師도 없었다. 특유의 괴팍함과 창의성으로 다른 사

豊臣秀吉

〈도요토미 히데요시(豊臣秀吉)〉

람이 생각지 못하는 전략을 고안하고 실행했던 인물이었다. 그러나 오다 노부나가는 조직원의 민심 장악에서 한계를 드러내며 부하인 아케치 미쓰히데明智光秀에게 교토의 혼노지本能寺에서 암살당하면서 천하통일의 꿈을 접어야 했다.

한편, 우리 역사에서는 부정적인 시각으로밖에 볼 수 없는 인물인 도요토미 히데요시는 미천한 신분에서 어렵게 시작해서 성공한 인물이다. 어릴 때 그의 별명은 '사루猿; 원숭이'였는데 생긴 모습이 원숭이를 닮았다 해서 붙여진 별명이다.

그는 자신의 감정을 솔직히 드러내는 개방적인 성격이었으며, 아무리 볼품없고 형편없는 사람이라 하더라도 호기심 어린 눈으로 바라보았다. 그리고 유능한 인재를 찾았다 싶으면 그 사람이 비록 적이라 할지라도 엄청나게 탐을 냈다. 하지만 도요토미 히데요시豊臣秀吉의 이러한 역량 중 최고를 하나 꼽으라면 그것은 바로 부하를 동기부여시키는 능력이었다. 그는 부하를 칭찬할 일이 있으면 주저하지 않고 항상 그 자리에서 곧바로 칭찬했다. 나아가 그는 부하를 포상할 일이 있으면 첫째, 그들이 포상을 달라고 말하기 전에 먼저 포상을 하고 둘째, 포상은 그들이 기대하는 것 이상으로 실시하며 셋째, 기대 이상으로 많이 주면서도 일체의 조건을 달지 않는다는 세 가지 원칙을 가지고 실행했다.

사람은 자신을 알아주는 상사를 따른다는 점과 조직에서 성공하기 위해서는 먼저 부하들에게 신망받는 리더가 되어야 함을 도요토미 히데요시는 잘 알고 있었다. 결국 이런 장점을 바탕으로 마침내 전국시대를 종결하고 평화의 시대를 열었지만 이미 세상은 난세亂世의 리더십이 아닌 치세

〈히데요리가 이에야스에게 속아 메웠던 오사카성 바깥해자(垓子)〉
일본 오사카성 소재

治世의 리더십을 원하고 있었다.

전례없는 평화의 시대가 도래했지만 오히려 무사武士 출신인 부하들의 불만과 갈등은 커져만 갔다. 자신의 지지세력인 무사들의 역할이 점점 사라지고 시간이 갈수록 그들의 신분상승 기회가 상실되어 갔다. 결국 새로운 시대에 대한 그들의 불만은 걷잡을 수 없게 되었고, 제아무리 천하의 도요토미 히데요시라 할지라도 이 문제에 있어서는 뚜렷한 해결책을 마련하지 못했다. 한고조 유방이 천하를 쟁패한 후 '마상馬上; 무력에서 천하를 얻을 수는 있어도 마상에서 천하를 다스릴 수는 없다'는 생각에 유학儒學을 국교로 삼아 본격적인 문치주의文治主義 정책을 펼쳤던 것에 비하면 최고 리더로서 도요토미 히데요시의 안목은 탁월하지 못했다. 무사

출신 조직원들의 불만을 외부로 돌리고자 결국 군사 출병을 일으키는 악수惡手를 두게 되니 이것이 바로 '임진왜란壬辰倭亂'이다. 7년간의 무리한 출병으로 도쿠가와 이에야스를 비롯한 여러 다이묘大名들의 압력을 받은 결과 도요토미 히데요시는 결국 1598년 여름 죽음을 맞이했고, 이후 일본 열도는 격랑의 소용돌이에 휩쓸리게 된다. 도쿠가와 이에야스는 히데요시의 심복인 이시다 미츠나리石田三成가 이끄는 히데요시의 추종세력들을 1600년 10월 21일에 벌어진 세키가하라 전투関ヶ原の戦い에서 물리치고 천하 패권의 승기를 잡았다. 그 이후 도요토미 히데요시가 자랑하던 난공불락의 요새였던 오사카성을 공격해서 히데요시의 아들 히데요리와 거짓 평화협상을 맺어 히데요리 측이 스스로 오사카성의 해자를 메우게 하고는 1615년 5월 7일 총공격을 실시해 오사카성을 함락함으로써 도요토미 히데요시 가문은 역사의 뒤안길로 사라지고 말았다. 그런데 아이러니하게도 도쿠가와 이에야스가 천하를 얻게 되는 결정적인 계기는 다름아닌 임진왜란壬辰倭亂 ; 일본에서는 분로쿠노에키(文禄の役)라고 함에 있었다.

조선을 침략할 때 도요토미 히데요시는 가토 키요마사加藤清正나 토도 다카도라藤堂高虎 같은 전국의 다이묘들을 대상으로 군사와 군비를 징발한 후 전쟁터로 내몰았는데, 히데요시는 그때 그들의 처자식을 오사카성에 인질로 잡아두고 분전을 독려했다. 그런데 당시 다이묘들 중에서 조선 출정을 반대했던 대표적인 사람이 고니시 유키나가小西行長와 도쿠가와 이에야스德川家康였다. 고니시 유키나가는 다이묘들 중에서는 드물게 천주교 신자였는데, 아우구스티노라는 세례명을 받은 그는 자신의 군대 깃발과 휘장 무늬도 십자가 문양으로 치장했을 정도로 독실한 천주교 신자였다.

〈오사카성 전투도(大坂城 戰鬪圖)〉 작가 미상, 17세기
일본 오사카성 천수각 소장, 이미지 출처: 위키미디어 공용(Wikimedia Commons) 퍼블릭 도메인

또한 그는 임진왜란이 일어나기 전까지 자신의 아버지 고니시 류사小西
隆佐와 함께 명明과 조선을 오가며 해상무역으로 큰 돈을 번 사람이었다.
당시 대마도는 해상무역의 거점지였고 이곳을 관리하는 대마도주에게는
엄청난 돈이 흘러 들어왔는데, 임진왜란 발발 당시 대마도주는 소 요시토
시宗義智라는 인물로 고니시 유키나가의 사위였다. 이런 이유로 고니시 유
키나가는 집안의 상권 유지를 위해 전쟁에 반대했는데 결국 이로 인해
도요토미 히데요시의 눈 밖에 나 조선 출정에서 제1선봉장으로 내몰리
게 된 것이었다. 그 후 1598년 11월 노량대첩에서 죽을 고비를 가까스로
넘기고 일본으로 돌아온 고니시 유키나가는 도요토미 히데요시의 추종
세력인 이시다 미츠나리 편에 가담해서 도쿠가와 이에야스와 싸우다 포
로로 사로잡혔다. 사로잡힌 도요토미 히데요시의 가신들 대부분이 할복

해 죽었지만 천주교 신자였던 고니시 유키나가는 교리에 따라 할복을 거부하다 참수당했다.

반면 도쿠가와 이에야스는 고니시 유키나가와 함께 도요토미 히데요시의 눈 밖에 나기는 했지만 결과는 완전히 달랐다. 도요토미 히데요시는 임진왜란 직전에 도쿠가와 이에야스에게 도쿠가와 집안의 영지領地였던 나고야를 떠나서 멀리 에도江戶; 도쿄로 옮길 것을 명했다. 나고야名古屋 오와리尾張 지방은 도쿠가와 이에야스 가문 대대로 내려온 봉토로서 권력과 가문의 기반 그 자체인 곳이었다. 당시 영지를 옮긴다는 것은 모든 땅과 수입원인 세수稅收를 포기한다는 뜻임과 동시에 재산과 따르는 군사를 잃는다는 의미였기 때문에 그야말로 가문의 유배와 다름없었다.

이같은 도요토미 히데요시의 처사에 격분한 도쿠가와 이에야스의 측근들은 도요토미 히데요시와 일전을 불사할 각오로 흥분했지만 도쿠가와 이에야스만은 냉정했다. 한마디 불평도 못한 채 모든 것을 빼앗기고 에도로 쫓겨간 도쿠가와 이에야스와 그의 측근들은 황무지나 다름 없던 그곳에 새로운 기틀을 마련해 나갔다. 그들이 가장 먼저 착수했던 프로젝트는 인적 드문 나룻터인 아사쿠사淺草에 술집과 유곽촌을 형성해 상선들의 주요 기항지寄港地로 만드는 것이었다. 상선商船을 위한 인프라 조성을 통해 물자와 사람을 끌어모으면서 도쿄의 기틀을 만들어 나갔던 것이다.

도쿠가와 이에야스의 에도 정비 작업에는 많은 인력과 예산이 필요했는데 도요토미 히데요시도 그의 이런 노력을 감안해서 조선 출정 때 다른 다이묘들과는 달리 그에게서만은 군비와 군사를 거의 차출하지 않았다. 덕분에 임진왜란 중에 도쿠가와 이에야스만 출혈이 거의 없었고 오히

徳川家康

〈도쿠가와 이에야스(德川家康)〉

려 에도 정비 사업이 측근들의 결속을 공고히 다지는 기회가 되었다. 결국 이것이 훗날 그가 도요토미 히데요시를 무너뜨릴 수 있는 결정적인 계기가 되었던 것을 보면 인생에서나 정치에서나 새옹지마塞翁之馬가 결코 헛된 말은 아닌 듯싶다.

그런데 도쿠가와 이에야스의 인간적인 성격과 삶의 방식에 대해서는 옛날부터 평가가 엇갈리는 면이 있어 왔다. 그는 성실하고 검소하다는 찬사에서부터 노회하고 교활하다는 비판에 이르기까지 다양한 평가를 받아 왔는데, 그 이유는 그의 행동 이면에 이중, 삼중의 의미가 복잡하게 숨겨져 있는 경우가 많았기 때문이었다. 그 의미의 진폭이 컸기 때문에 사람들은 그의 속내를 헤아리기가 쉽지 않았다. 일반적으로 일본인들이 속마음本音: 혼네과 겉마음建前: 타테마에의 폭이 큰 것은 옛날부터 이어져 왔던 살벌한 정치 상황에서 그 이유를 찾을 수 있다. 반복되는 정변과 배신이 난무하던 고대 일본 역사에서 그들은 자신의 의견을 그대로 드러내놓고 표현하지 못했다. 우리 역사에서 하나의 단어로 두 가지 의미를 내포하는 중의법重義法이 많이 활용되었다면, 일본에서는 하나의 단어로 세 가지 의미를 내포하는 미에법三重法이 발달했다. ≪고지키古事記≫712나 ≪일본서기日本書紀≫720의 시를 보더라도 처음 뜻은 분명 자연을 노래한 것 같은데, 달리 보면 애절한 사랑을 노래한 것 같고, 좀 더 자세히 들여다보면 정변政變을 꿈꾸는 의도를 담은 시들도 많다.

근세기에 있었던 도쿠가와 이에야스에 대한 일부 부정적인 이미지는 도쿠가와 가문의 장기 집권을 종식시킨 메이지 유신 세력에 의해 주도되었다. 1만 엔 화폐의 주인공 후쿠자와 유키치福澤喩吉와 이토 히로부미伊藤博文

〈일본 1만 엔 지폐에 새겨진 후쿠자와 유키치(福澤喩吉)〉

같은 메이지 유신 주도 세력들은 일본의 군국주의화를 내세우고 침략 전
쟁을 벌이면서 도쿠가와 이에야스를 폄하하는 동시에 도요토미 히데요
시를 영웅시하는 사회 분위기를 조성했다. 후쿠자와 유키치는 이노우에
가오루#上馨, 이토 히로부미와 더불어 메이지 유신의 핵심 3인방으로 나머
지 두 사람이 영국 유학파임에 반해 후쿠자와는 미국 유학파 출신이다.
당시 미국 사람들이 초대 대통령 조지 워싱턴George Washington을 일본인이 도
쿠가와 이에야스를 생각하는 것만큼 존경하지 않는 것에 놀랐고, 이러한
평등사상에 영향을 받아 메이지 유신을 주도했다고 한다.

   그는 일본 최초의 사립대학인 게이오대학慶應大學을 설립했고, '사람 위에
사람 없고 사람 밑에 사람 없다'로 시작하는 평등자주론의 저서 ≪학문
의 권장≫을 1872년도에 발표하며 일본에서는 인권계몽사상가로 유명해
졌다. 하지만 조선을 미개국未開國으로 칭하고 탈아시아론을 펼치며 군국
주의를 부르짖어 전쟁을 일으키는 등 오만과 독선의 대표적인 인물이기

도 하다.

하지만 일본이 패전한 후 도쿠가와 이에야스에 대한 평가는 다시 이루어졌다. 전후戰後 일본이 고도성장을 이룩해 나감에 따라 수성守城의 리더로서, 또한 수많은 어려움을 인내와 자기성찰로 극복한 모범 케이스로서 도쿠가와 이에야스 리더십이 다시 주목받게 된 것이다.

일본의 리더십 학자들은 오다 노부나가, 도요토미 히데요시, 그리고 도쿠가와 이에야스 이 세 사람의 역량을 혼합한 리더가 나온다면 완벽할 것이라고 얘기한다. 어떤 일을 추진할 때 상황이 여의치 못하더라도 과감하게 밀고 나가는 오다 노부나가, 불리한 상황에서 지략을 짜내 자신에게 유리한 판을 만들어 나가는 도요토미 히데요시, 그리고 끊임없이 스스로를 억제하면서 기회가 찾아오기를 기다리는 도쿠가와 이에야스.

오다 노부나가형의 인간은 창업형 CEO에 적합한데, 일을 시작할 때는 과감한 결단과 물러설 줄 모르는 투쟁심이 중요하기 때문이다. 하지만 조직의 기초가 다져지고 어느 정도 시간이 흐른 경우에는 도요토미 히데요시형의 리더십이 필요하다. 그리고 조직이 안정기에 접어들게 되면 권한 배분과 인간관계를 슬기롭게 조정하는 도쿠가와 이에야스형의 리더십이 빛을 발하게 된다. 경청과 권한 위임의 대가인 한고조 유방이 용龍의 모습으로 중국인들의 가슴속에 살아 있듯, 인내와 자기억제의 화신인 도쿠가와 이에야스德川家康는 두견새의 모습으로 일본인들의 마음속에 살아있을 것이다.

자字와 호號

옛날 사람들은 이름 대신 자字나 호號를 더 많이 부르고 사용했다. 자字는 남자가 관례冠禮를 치른 뒤에 스승이나 어른들로부터 받게 되는 제2의 이름이고, 호號는 마을 이름이나 인생의 좌우명 등을 차용해 친구나 선배, 혹은 스스로가 자기에게 붙이는 예명藝名이다. 이이李珥의 호는 율곡栗谷이다. 이이의 외가는 강릉이지만 본가가 경기도 파주 율곡리에 있었기 때문에 이 마을 이름을 따서 호를 지은 것이다. 퇴계退溪와 서애西厓 역시 같은 맥락을 가진 이황李滉과 류성룡柳成龍의 호다.

반면 시호諡號는 공功이 많은 신하가 죽으면 나라에서 내리는 호다. 보통 무관의 시호에는 충忠 자, 문관의 시호에는 문文 자를 넣는다. 이순신의 시호인 충무忠武, 퇴계 이황의 시호인 문순文純, 율곡 이이의 시호인 문성文成이 그 대표적인 예다.

양녕대군讓寧大君의 자는 후백厚伯이고, 태조 이성계李成桂의 자는 중결仲潔이다. 양녕대군은 태종의 장남이고 이성계는 이자춘의 차남이다. 자字에 큰 백伯 자나 원元, 맹盟 자가 붙으면 맏아들이고, 중仲 자가 들어가면 둘째 아들이다.

삼국지에서 손권孫權의 자는 중모仲謀이고, 그의 형 손책孫策의 자는 백부伯符다. 강태공姜太公과 무왕이 상나라를 공격하려는 것을 말리다가 결국 수양산에 들어가서 고사리를 캐먹다 굶어죽었다는 형제 백이伯夷와 숙제叔齊는 이름이 아니라 자字다. 백이는 맏아들이고 숙제는 셋째 아들인데 이름은 모르고 고죽국孤竹國의 왕자들이라고만 알려져 있다.

신숙주申叔舟는 공조참판을 지낸 신장申檣의 셋째 아들이다. 큰형은 맹주盟舟, 바로 윗형인 둘째는 중주仲舟, 막내인 다섯째는 말주末舟다. 조조의 책사 사마의司馬懿는 차남으로 자가 중달仲達이고 형은 백달伯達이다. 사마의 아래 동생들은 차례로 숙달叔達, 계달季達, 현달顯達, 혜달惠達, 아달雅達, 막내가 유달幼達이다. 그리고 흰 눈썹 백미白眉로 잘 알려진 마량馬良은 넷째로 계상季常이고, 읍참마속泣斬馬謖으로 유명한 마속은 막내로 유상幼常이다. 그리고 한고조 유방劉邦의 자는 계季다. 강소성 풍현豊縣의 패沛 땅에서 농부의 넷째 아들로 태어났는데, 자에 계季가 붙으면 넷째 아들을 뜻한다. 그리고 자에 어릴 유幼가 들어가면 막내 아들을 의미한다. 그래서 어머니의 피를 이어받아 조선시대 학자와 화가들로 이름을 떨친 신사임당 아들들의 자字는 이이李珥가 숙헌淑獻으로 셋째 아들이며 맏아들 이선李璿이 백헌伯獻이고 넷째 아들 이우李瑀가 계헌季獻이다.

공자孔子의 이름은 공구孔丘이며 자는 중니仲尼다. 숙량흘叔梁紇의 둘째 아들로 태어난 공자 위로는 다리가 불편한 이복형이 한 명 있었다. 그런데 강연을 하다 보면 호기심 많은 교육생들은 이 대목에서 손을 들고 "아니 공자는 성姓이 공孔인데, 아버지는 어떻게 숙량흘로 숙叔씨입니까?"라는 질문을 던지곤 한다.

숙량흘은 온전한 이름이 아니다. 숙량흘에서 숙량은 자字이고 이름名이 흘이며, 성姓은 자子, 씨氏가 공孔이다. 옛날에는 사람을 호칭할 때 주로 두 가지 방법으로 불렀는데, 첫째는 그 사람의 자字에 이름을 붙여서 부르는 경향이 있었고, 둘째는 그 사람의 성姓이나 씨氏에 자字나 호號를 붙여 부르는 경우가 있었다. 전자의 대표적인 사례가 숙량흘이고, 후자의 대표적이 경우가 중국 무술의 달인 황비홍黃飛鴻과 관포지교管鮑之交의 주인공인 관중管仲이다. 황비홍의 본명은 황석상黃錫祥이며 비홍飛鴻은 그의 호다. 또한 관중의 관管은 씨氏이고, 성姓은 희姬이며, 중仲은 둘째 아들이라는 의미의 자字다. 이름은 이오夷吾지만 역사에서 잘 알려져 있지는 않다.

고대 중국에서는 [성姓 + 씨氏 + 명名]을 한 세트로 구성해서 이름을 짓는 것이 보편적이었다. 기원전 1100년경 주문왕周文王과 함께 상나라를 멸망시키고 주나라를 건국했던 강태공姜太公. 주문왕이 낚시하다 만났기 때문에 지금도 낚시꾼들을 강태공이라 부르는데, 이 강태공의 진짜 이름은 강여상姜呂尙이다. 성姓은 강姜이고, 씨氏는 여呂, 그리고 이름名이 상尙인 것이다. 먼 옛날 농경이 발달하지 못했던 목축시대에는 모계 부족이 풀을 찾아 가축과 함께 집단으로 이동을 해야 했는데, 부족의 인원이 많아지면 식량이 부족해지고 이동에 불편함이 뒤따랐다. 그래서 어느 정도 인원이 구성되면 분가分家를 해서 형제들이 흩어지게 되는데, 이때 원래 소속되었던 모계 부족 이름이 성姓, 그리고 분가한 부족 이름이 씨氏가 된다. 세월이 흐르고 모계에서 부계 중심의 부족 운영이 이루어지면서 자연스럽게 씨氏는 부계 부족의 이름을 따르게 되었다.

그리고 옛날 중국에서는 공功을 세워 황제로부터 봉토를 하사받게 되면 씨氏를 하사받은 봉토명으로 바꿔야 했다. 예를 들면 강태공의 조상은 모계 부족 강姜에서 떨어져나온 부계 부족이 여몸땅을 하사받아 씨를 여몸로 바꾼 것이며, 파초대장군 한신韓信의 조상은 한韓나라를 봉토로 하사받아 씨를 한韓으로 바꾼 것이다. 따라서 자신의 뿌리를 나타내고 정체성을 잊지 않기 위해서 고대 중국에서는 이름을 지을 때 성姓에 씨氏를 함께 표기했으며, 그 때문인지 지금도 우리 주변에는 같은 성姓에서 갈라져나온 씨氏끼리는 결혼하지 않는 사람들이 많다.

그리고 군호君號는 통상 왕자들에게 붙이는 호號인데, 어머니가 본처인 중전의 경우그 아들은 적자로서 대군大君을, 어머니가 중전 이외의 여자 즉, 첩妾의 소생이면 군君을 붙였다. 조선에는 양녕대군, 효령대군, 충녕대군 등 적자 왕자가 45명, 그리고 하성군, 복성군, 연잉군, 덕흥군 같은 서자 왕자가 77명 있었다.

반면 다음 보위를 이를 세자에게는 특별히 군호君號를 만들어 내리지 않는다. 태종의 장남 양녕대군은 원래 세자였는데, 1418년 음력 5월 2일 아버지 태종이 14년 동안세자로 있던 양녕을 폐세자하고 셋째 충녕대군을 세자로 올렸다. 이날부터 충녕대군이라는 단어는 없어졌고, 대신 세자가 아닌 장남을 위한 군호가 따로 필요해졌다. 그래서 이틀 후인 5월 4일에 태종은 양녕讓寧이라는 군호를 만들어 내렸다. 여기서양녕讓은 '양보한다'는 의미로 일반적인 군호로는 적합하지 않은 글자다. 그럼에도 태종이 양녕이라는 군호를 만든 것은 새로운 임금이 된 셋째 아들에게 전하는 특별한메시지였다. 즉, '너의 큰 형님은 못나서 쫓겨난 사람이 아니라 너에게 양보한 사람이니 평생 형님 대접 잘하며 우애있게 지내야 한다'는 순수한 아버지로서의 마음이 담겨있는 군호였던 것이다. 이 뜻을 모를 리 없는 총명한 세종은 아버지의 뜻을 받들어양녕대군을 평생 지극하게 예우하고 보살폈다.

반면교사 리더십 1

자신의 서손(庶孫) 신분에 평생 자격지심을 갖고 있었던 선조(宣祖)는 세자인 광해군을 밀어내고 어린 영창대군을 새로운 세자로 앉히려 했다. 예기치 않았던 권력 분쟁으로 영창대군은 죽게 되고 그의 생모인 인목대비(仁穆大妃)는 유폐되었다. 이러한 불행과 혼란의 큰 책임은 분명 광해군에게 있다 하겠지만 미래를 예측하지 못하고 피바람의 불씨를 제공했던 선조 또한 그 큰 책임을 피해 갈 수는 없다. 그리고 불안했던 정국은 결국 인조반정과 병자호란(丙子胡亂, 1636~1637)에 이르고 말았으니, 광해의 선왕(先王) 선조와 후왕(後王) 인조가 자리했던 이 80여 년의 세월이 우리 역사에서 가장 고통스럽고 치욕적인 시기였다.

13

반면교사反面教師 리더십 1
- 선조宣祖

중전中殿의 소생이 아닌 서자庶子 왕자는 뛰어남을 자랑할 수 없는 것이 타고난 운명이었다. 중전의 맏아들인 적장자嫡長子가 보위에 오른다고 해도 치적을 남긴다는 보장은 없지만, 반대로 서자 왕자가 임금이 되면 훌륭한 정치를 기대하기 어려운 것이 당시의 현실이었다. 조선의 임금 중에서 서자庶子나 서손庶孫 등의 비천한 출신으로 보위에 오른 대표적인 임금이 선조宣祖, 인조仁祖, 영조英祖, 철종哲宗 등이다. 이 중 영조만이 유일하게 수신과 수양으로 그 한계를 극복한 임금으로 평가받는다. 나머지 임금들은 인간적 성품과 국정운영 능력에 있어 많은 문제점을 내포한 인물들이었다. 특히 조선 역사를 통틀어 암군暗君의 대명사로 거론되는 인물이 바로 선조와 인조인데, 이런 경우를 보면 임금의 업적과 출신 성분은 서로 그 궤를 같이 한다고 보는 것이 타당할 것 같다.

선조의 출생배경

조선의 14대 왕 선조는 역대 임금 중 그 출신 성분이 가장 복잡해서 그 누구도 임금이 되리라고는 상상조차 못했던 인물이었다. 연산군을 몰아내고 보위에 올랐던 중종中宗. 그 중종의 후궁들 중에서 가장 총애를 받았던 인물은 경빈 박씨敬嬪 朴氏였다. 폐주 연산군은 미모가 빼어난 여인들로 기생 집단 '흥청興淸'을 만들어 가무를 즐겼는데, 경빈 박씨가 바로 이 흥청 출신이었다. 훗날 연산군이 쫓겨난 후 반정세력이던 박원종朴元宗의 양녀로 들어간 그녀는 중종의 눈에 띄어 후궁이 되어 한때나마 권력을 휘두르다 사라지게 된다.

그 다음 중종의 총애를 받은 후궁이 창빈 안씨昌嬪 安氏다. 그녀는 아홉 살에 생각시로 궁에 들어온 침방 나인이었는데 중종의 승은을 입고 아들 덕흥군德興君을 낳았다. 이 덕흥군이 보위에 올랐더라면 후일 자신의 비천한 출신 때문에 평생 강박관념에 사로잡혔던 영조와 비슷한 경우가 되었을지도 모르는데 덕흥군은 여기서 한 번 더 가지를 쳐 나간다. 덕흥군은 판중추부사 정세호의 딸과 결혼하여 아들을 세 명 낳았다. 정세호는 집현전 부제학과 예문관 대제학을 지낸 정인지의 손자였으니 덕흥군은 정인지의 증손녀딸과 결혼한 셈이었다.

몸이 약했던 명종은 아들 순회세자順懷世子가 열세 살의 나이에 죽고나자 조카뻘되는 덕흥군의 세 아들을 가끔 궁으로 불러다 밥을 먹이며 말동무로 삼았다. 이 삼형제가 궁에 다니러왔던 어느 날, 명종은 장난삼아 머리에 쓰고 있던 익선관을 벗어 세 형제에게 써 보라고 했다. 그러자 첫째와 둘째는 아무런 사양없이 냉큼 받아쓰고는 자기들끼리 즐거워했음에 반해 셋째는 줄곧 어려워하며 끝내 익선관 쓰기를 사양했다. 이후 명종은 이 이야기를 중전인 인순왕후仁順王后에게 들려주며 덕흥군의 세 아들 중 예의와 도리를 아는 이는 셋째 아들밖에 없다며 칭찬했다.

그리고 시간이 흘러 명종은 병에 걸렸고 차츰 병이 깊어져 말도 제대로 할 수 없는 지경이 되었다. 이에 후사를 두고 조정은 폭풍전야의 위기가 감돌았는데, 영의정 이준경李浚慶이 중전인 인순왕후에게 명종이 평소 후사와 관련해서 그 어떤 얘기라도 한 것이 없느냐고 몇 차례에 걸쳐 물었다. 그러자 인순왕후는 이준경에게 당시의 익선관 얘기를 들려주며 덕흥군의 셋째 아들을 칭찬한 적이 있다고 얘기했다. 명종은 아들인 순회세자를 잃고 난 후 더 이상 후사를 보지 못했고 유일하게 후궁을 두지 않은 보기 드문 임금이었다. 그 후 명종 22년인 1567년 음력 6월 28일 새벽, 이준경은 가쁜 숨을 몰아쉬는 명종 눈 앞에 큰 글씨로 '德興君 三男 河城君 李鈞덕흥군 삼남 하성군 이균'이라고 적은 종이를 내보이며 "전하. 대통은 이렇게 이으면 되겠사옵니까?"라고 물었고, 이에 명종은 뜻모를 눈물을 흘렸다고 한다. 이것이 승낙의 의미라고 판단한 이준경은 신료들을 독려해서 새 임금을 맞을 준비를 하니 그가 조선의 14대 임금 선조다.

선조는 서손庶孫 출신임에도 나름 학식이 있었고 글씨도 잘 썼지만 시기심이 많고 고집이 셌다. 출신에 자격지심을 가진 군왕들이 통상적으로 그러하듯이 선조 역시 보위에 오른 후 자신의 출신을 정당화하기 위해 마흔여덟 나이에 정3품 소용昭容으로 죽었던 할머니를 창빈昌嬪으로 추존하고, 무덤을 옮겨와 신도비를 새롭게 세우고 마을 이름을 동작銅雀이라 고치니 이곳이 지금의 동작동 현충원 자리다.

선조의 과오

선조가 이렇게 즉위한 후 얼마 지나지 않아 궐 밖 걸인들을 내쫓는 일이 벌어졌다. 당시 궐關; 궁의 담벼락에는 임금의 안전을 위해서 어떤 시설도 맞닿아 지을 수 없었다. 불순한 무리들이 행여 범궐犯關; 궐을 넘어 궁으로 들어오는 것이라도 하려는 것을 막기 위해 궁궐 담벼락 주변에는 경계도 삼엄했다.

그런데 아이러니하게도 당시 한양 백성들 중에 집이 없는 걸인들이 가장 선호했던 장소가 경복궁 담벼락이었다. 담벼락을 기준으로 'ㄱ'자로 움막을 치면 튼튼하면서 비바람을 피하는 데도 효과적이었다. 그래서 경복궁 담벼락 아래는 항상 걸인들이 모여 움막을 치고 살았다.

그런데 선조는 보위에 오른 직후 경복궁 담벼락 움막촌을 철거하라는 명을 내렸다. 이에 놀란 율곡 이이는 예전에 세종대왕께서도 윤허하셨던 사안이니 명을 거두어 달라고 간청했지만 선조는 경호와 미관의 문제를 빌미로 끝내 움막을 헐고 그들을 내쫓아 버렸다.

이처럼 선조는 변덕이 심하고 냉혹한 군주였다. 그는 자신을 위해 명나라에 사신으로 가지 않는다는 이유로 7년간 함께 임진왜란을 겪은 류성룡柳成龍을 삭탈관직했고, 기생 첩을 빼앗기 위해 살인을 저지른 장남 임해군臨海君의 비행을 탄핵했던 이항복李恒福과 이덕형李德馨을 파직했다.

긴박하게 돌아갔던 일본 정세에 두 눈을 감고 외면했던 선조는 결국 1592년 4월 13일 임진왜란을 맞이했고 불과 16일 뒤인 4월 29일 밤 한양을 버리고 피난을 떠났다. 개성과 평양을 거쳐 의주에 이르자 급기야 조정을 둘로 나누어 전란의 수습은 광해군에게 맡긴 채 자신은 명明에 귀부歸附; 망명를 요청했다. 그러나 왜군의 빠른 진격에 의심을 품은 명이 귀부를 받아주지 않아 그나마 종묘사직을 지킬 수 있게 되었다.

전란이 끝나고 선조는 논공행상論功行賞에서 공신들을 선무공신宣武功臣과 호성공신扈聖功臣 둘로 나누어 포상했다. 전란에서 공을 세운 사람들이 선무공신이고 임금의 피난길에 수행한 사람들이 호성공신이었는데, 선무공신이 18명이었던 것에 반해 호성공신은 86명에 달했다.

이 호성공신에는 악빈惡嬪 인빈 김씨仁嬪 金氏 소생의 왕자들인 신성군과 정원군을 비롯해서 내시만 무려 24명이 포함되어 있었다. 또한 선무공신 선정에 있어서는 이순신을 질시하다 마지못해 겨우 공신에 봉하고 곽재우, 조헌, 김천일 등 공이 많은 의병장들을 전부 배제하면서 원균을 일등공신으로 봉했다.

또한 그는 함께 피난길에 올랐던 중전 의인왕후懿仁王后를 해주에 남겨두고 총애하는 후궁 인빈 김씨만 한양으로 데리고 왔는데, 이때부터 인빈 김씨의 노비들까지 선조의 총애를 뒷배삼아 백성들을 괴롭히며 온갖 전횡과 불법을 일삼았다. 이에 사헌부 관리들이 노비들을 감찰하며 마찰이 벌어지자 선조는 사헌부 관리들을 매질하며 하옥시켰다. 상실감과 외로움 때문에 의인왕후 박씨가 피난지에서 돌아가신 후 선조는 1602년 쉰한 살 때 미모가 출중했던 김제남金悌男의 딸을 중전으로 맞아들이고 영창대군永昌大君을 낳았다. 자신의 서손 신분에 평생 자격지심을 갖고 있었던 선조는 그동안 세자로서 직분을 수행해 왔던 광해군을 밀어내고 어린 영창대군을 새로운 세자로 앉히려 했다.

예기치 않았던 권력분쟁으로 영창대군은 이이첨李爾瞻을 중심으로 하는 광해군 지지세력들에게 죽게 되고 그의 생모인 인목대비仁穆大妃는 유폐되

〈광해군(光海君) 묘〉
경기도 남양주시 진건읍 소재

었다. 이러한 불행과 혼란의 큰 책임은 분명 광해군에게 있다 하겠지만 미래를 예측하지 못하고 피바람의 불씨를 제공했던 선조 또한 그 큰 책임을 피해 갈 수는 없다. 이런 갈등과 분쟁의 흐름 속에서 혼란스러웠던 정국은 결국 인조반정과 병자호란丙子胡亂, 1636~1637에 이르고 말았으니, 광해의 선왕先王 선조와 후왕後王 인조가 자리했던 이 80여 년의 세월이 우리 역사에서는 가장 고통스럽고 치욕적인 시기였다.

반면 죽어서도 일반인의 출입이 금지된 장소에 누워 있는 광해군. 위의 사진 속에서 정면 왼쪽이 광해군묘, 오른쪽이 인조반정 때 폐비된 중전 문성군부인 류씨文城郡夫人 柳氏의 묘다. 영화 〈광해〉에서는 영화배우 한효주가 당시 중전 역할을 맡았다.

13

• • •

조선 4대 명당 왕릉王陵

천만리 머나먼 길에 고운 님 여의옵고
내 마음 둘 데 없어 냇가에 앉았으니
저 물도 내 맘 같아야 울어 밤길 예놋다

학창시절 시험 문제에도 자주 나왔던 ≪청구영언靑丘永言≫1728에 수록된 왕방연王
邦衍의 시다. 1453년 계유정난으로 김종서를 죽이고 정권을 장악한 후 어린 조카를
상왕으로 몰아내고 보위에 오른 세조. 그는 1456년 음력 6월 1일 상왕을 복위시켜
려는 사육신의 거사를 무산시키고 단종端宗을 영월로 유배 보낸 후 결국 이듬해인
1457년 음력 10월 21일 사약을 내려 죽인다.

왕방연은 당시 세조의 명으로 단종이 영월로 유배갈 때 그를 호송했고 나중에 사약
을 들고 가서 집행했던 금부도사였다. 일설에 의하면 어린 상왕 단종이 유배길에서
목마름으로 왕방연에게 물을 요청했지만 세조의 사전지시에 따라 물 한 모금 주지
않았다고 한다. 이후 단종이 죽고 영월에서 돌아오는 길에 냇가에 앉아 이 시를 지은
왕방연은 한양에 돌아와서 바로 사직서를 내고 고향인 경기도 구리에 내려가서 배
나무를 심고 배농사를 지었다. 그 후 단종 기일이 되면 다른 음식은 일절 올리지 않
고 자신이 직접 수확한 물이 꽉찬 배를 한 상 가득 올려 단종에게 제를 올렸다고 한
다. 호송하면서 물 한 모금 주지 않았던 죄를 이렇게나마 대신하고 싶었던 것 같다.

단종은 노산군의 묘호로서, 노산군 사후 241년 만인 1698년 12월에 숙종肅宗이 종묘
에 모시면서 비로소 단종이라는 묘호를 지어 올렸다. 사사 당시 노산군의 시신이 동

〈능침 뒷쪽에서 바라본 건원릉(健元陵)〉
경기도 구리시 인창동 소재, 신동화 구리시의원 촬영 및 사진 제공

강에 떠다니는데 며칠이 지나도 시신이 썩지 않았다고 한다. 시신을 수습하는 자는 삼족을 멸한다는 세조의 어명에 어느 누구도 나서지 못했는데, 영월호장戶長 엄흥도 嚴興道가 눈 내리던 겨울밤 노산군의 시신을 수습하여 봉분을 만들려고 땅을 팠다. 주변 땅이 전부 눈에 덮이고 얼어 있어 땅을 파는 데 애를 먹고 있을 때 노루 한 마리가 나타나 내리는 눈을 다 맞으며 엄흥도를 한참 동안 지켜보다가 사라졌다고 한다. 이에 노루가 앉은 자리만 눈이 쌓이지도 얼지도 않아 쉽게 땅을 파서 노산군의 시신을 모셨다고 한다. 이 자리가 노루가 점지해 준 땅으로 4대 명당의 하나로 꼽히는 단종의 장릉莊陵이다.

또 다른 명당 왕릉은 태조 이성계의 능인 건원릉健元陵이다. 구리시 동구릉에 있는 이 능은 풍수지리의 신선인 무학대사無學大師와 태조 이성계太祖 李成桂 두 사람이 직접 보고 결정한 능지陵地로, 태조가 승하하자 태종은 봉분에 잔디가 아닌 태조의 고향 함흥의 억새풀을 옮겨다 심었다.

천하의 명당 능지를 보고 흡족한 마음이 들었던 무학대사와 이성계는 한양으로 돌아오는 고갯길에서 주막에 들러 막걸리를 마시며 흡족한 마음을 나누었다. 그리고 태조가 무학대사에게 말했다. "대사. 내 오늘에 이르러서야 비로소 모든 근심을 내려놓고 마음 편하게 지낼 수 있게 되었소." 이후 그 고갯마을 이름이 '모든 근심을 잊는 마을'이라는 의미로 망우리忘憂里가 되었다.

그 뒤 명나라 사신이 조선에 왔다가 이 건원릉을 보고는 깜짝 놀랐고, 돌아가서 자기 황제에게 조선이 태조의 능을 잘 써서 족히 오백 년은 이어갈 듯하다고 보고했다고 한다. 이 건원릉 덕분인지 조선은 정말 519년이라는 보기 드문 장수 왕조를 이어갔다. 장릉, 건원릉과 더불어 명당으로 인정받는 또 하나의 왕릉이 여주 영릉英陵이다.

원래 세종의 능은 아버지 태종과 어머니 원경왕후 민씨가 묻힌 지금의 서울특별시 내곡동 헌릉獻陵 주변의 대모산 자락에 있었다. 하지만 세종 사후 왕실에 크고 작은 분란이 끊이질 않자 예종睿宗이 경기도 여주로 천장해서 만든 능이 지금의 영릉英陵이다. 세종의 중전인 소헌왕후 심씨昭憲王后 沈氏는 원래 1446년 세종보다 4년 먼저 죽어 헌릉 주변에 묻혔다. 이후 세종이 승하하고 19년 후인 1469년에 예종이 두 분을 여주로 천장함으로써 영릉英陵은 왕릉 중 흔치 않게 왕과 왕비를 합장해서 모신 능이 되었다. 그런데 세종의 능을 명당인 이곳 영릉으로 천장하는 데는 어려움이 있었다.

당시 이곳은 광주 이씨廣州 李氏 이인손과 한산 이씨韓山 李氏 이계전의 묘가 있던 명문가의 문중묘였다. 이인손은 서울특별시 강동구 둔촌동의 유래가 된 둔촌遁村 이집李集의 손자로서 아들 다섯 명이 전부 영의정과 판서를 지낸 엘리트였고, 이계전은 고려말의 대학자 목은牧隱 이색李穡의 손자로서 이조판서와 판중추부사를 지낸 인재였다.

전하는 이야기에 의하면 당시 이인손의 묘를 잡아준 지관이 아들들에게 당부하길 절대로 묘지 앞 개울가에 다리를 놓지 말라고 했다고 한다. 하지만 가문이 번성하자 묘역을 정비하면서 자연히 개울에 돌다리를 놓게 되었다. 한편 세종릉의 천장이 결정되면서 지관들이 한양 주변을 샅샅이 훑고 다녔으나 명당을 찾지 못했다. 그러던 중 지관 안효례安孝禮가 이 부근을 조사하며 지나가다 소나기를 만나게 되었다. 나무 밑에서 소나기를 피하던 안효례는 개울 건너편에서 밝은 빛이 나는 땅이 보여 그쪽으로 건너가려 했지만 불어난 개울물에 건너기가 쉽지 않았다. 그래서 포기하고 발길을 돌리려던 참에 개울물에 잠길 듯 잠기지 않은 돌다리가 보이기에 그 다리를 건너가 살펴보니 천하의 명당이 있었다는 것이다.

그렇게 세종의 천장지는 결정되었다. 하지만 아무리 왕릉의 천장 후보지라 할지라도 문중 사유지를 뺏을 수는 없는 노릇이었다. 그런데 예종이 인간적으로 호소하고 이들 가문에서 양보하여 묘를 이장하는 결정을 내려 세종을 이곳에 모실 수 있게 되었다고 한다. 풍수 전문가들은 이 영릉을 잘 모셔서 조선이 100년을 더 연장해서 이어갈 수 있었다고 얘기하기도 한다.

4대 명당 왕릉의 마지막 하나가 사도세자의 능인 융릉隆陵이다. 뒤주 안에서 죽은 후 양주 배봉산에 묻혔지만 아들 정조에 의해 명당인 화산華山으로 천장되었던 사연 많은 능이다.

반면교사 리더십 2

재위한 26년 동안 인조 자신은 불안한 세월을 보냈고 백성들은 고통의 나날을 보냈다. 국제 정세에 어둡고 아집이 강했던 무능한 군주 인조는 결국 1636년 12월 병자호란을 맞이했고, 급기야 남한산성으로 도망쳐서 추위와 굶주림에 시달리며 47일 동안 농성했다. 하지만 식량이 바닥나 더 이상 버틸 수 없었던 인조는 결국 눈바람 몰아치는 1637년 1월 30일, 곤룡포 대신 신하의 색인 남색 옷을 입고 죄수들이 드나드는 문인 서쪽 문을 통해 나가 북쪽 단상에 앉아 있는 청태종 황타이지(皇太極)에게 삼배구고두례(三拜九叩頭禮)를 올리며 치욕적인 항복을 하게 된다.

14

반면교사反面教師 리더십 2
- 인조仁祖

　　선조宣祖는 할머니가 침방나인 출신이라는 자격지심으로 무슨 일이 있어도 후계는 적자로 잇고 싶어했다. 중전인 의인왕후懿仁王后와는 소생이 없었고, 후궁인 공빈 김씨恭嬪 金氏가 선조의 총애를 받아 왕자 두 명을 낳았는데 임해군臨海君 이진李珒과 광해군光海君 이혼李琿이 바로 그들이다. MBC 드라마 〈허준〉1999에는 구안와사口眼喎斜로 입이 비뚤어진 왕족을 치료하다 작두에 손목을 잘릴 뻔했던 허준이 가까스로 위기를 벗어나는 장면이 나오는데, 이 구안와사 환자가 공빈 김씨의 남동생이다. 공빈 김씨는 광해군을 낳은지 2년 만인 1577년에 지병으로 죽고, 그 빈 자리를 궁녀 출신인 인빈 김씨仁嬪 金氏가 파고들어 선조의 총애를 독차지하게 된다. 인빈 김씨는 후궁 중에서는 드물게 4남 5녀라는 많은 자식들을 낳을 정도로 선조의 총애가 각별했고 급기야 그녀는 오빠 김공량金公諒과 함께 광해군을 밀어내고 자신의 둘째 아들인 신성군信城君을 세자로 올리려고 계략을 꾸미기에 이른다.

드라마 〈허준〉에는 등에 욕창이 생긴 왕자를 허준이 거머리를 이용해서 치료하는 장면도 있는데, 이 왕자가 바로 광해군보다 네 살 어린 신성군이다. 선조도 신성군을 세자로 삼고 싶어했고 동인東人의 영수 이산해李山海도 신성군을 지지했던 반면에 세자 책봉 건의로 귀양을 가게 되는 송강 정철松江 鄭澈은 광해군을 지지하는 쪽이었다.

1592년 음력 4월 13일 임진왜란이 발발하고 왜군들이 파죽지세로 한양으로 들이닥치자 4월 29일 밤 선조는 도성을 버리고 의주까지 피난길에 오른다. 열세 살이었던 신성군은 피난길에 풍토병으로 죽게 되지만 인빈 김씨를 총애했던 선조에 의해 전란 뒤 호성공신扈聖功臣, 임진왜란 때 선조를 모시고 의주까지 호종하는 데 공이 있는 사람에게 준 칭호 또는 그 칭호를 받은 사람에 책봉되었다. 이때 신성군과 함께 호성공신에 책봉된 또 다른 왕자가 있었는데 그가 바로 인빈 김씨의 넷째 아들인 정원군定遠君이다. 경희궁慶熙宮터가 그의 집이었을 정도로 대단한 권세를 휘둘렀는데, 이 권세를 배경으로 갖은 파렴치한 악행을 저질렀다. 특히 여색女色을 밝혔던 그는 부녀자들을 겁탈한 인면수심人面獸心으로 백성들로부터 원성이 높았다.

정원군은 1595년 해주에서 피난 중에 첫 아들을 얻었는데 그가 바로 인조仁祖다. 1623년 음력 3월 13일 반정으로 광해군을 몰아내고 보위에 오른 정원군의 장남 인조는 본인의 출생과 아버지의 평판에 대한 자격지심이 컸었다. 그래서 스스로의 정통성 강화를 위해 정원군을 종묘에 배향하고 무덤을 왕릉으로 추존하려 했으나 자신의 지지기반인 반정세력마저 이를 반대했을 정도로 정원군은 파렴치한이었다.

인조는 보위에 오른 후 10년간 끈질기게 신하들을 종용한 끝에 결국 김장생金長生의 극렬한 반대에도 불구하고 아버지 정원군을 왕으로 추존하고 무덤을 장릉章陵으로 승격시켰다.

인조가 재위한 26년 동안 자신은 불안한 세월을 보냈고 백성들은 고통의 나날을 보냈다. 광해군을 몰아내고 왕이 되었으나 정통성과 덕망이 없었던 그는 불안한 마음에 편히 잠을 잘 수가 없었다. 자신을 왕으로 만들어 준 반정세력들 중에 누군가 또다시 반기를 든다면 속수무책 쫓겨날 수밖에 없는 운명이었기 때문이다.

인조반정 당일 반정세력들은 김류金瑬를 대장으로 추대하여 북소문에서 집결하기로 했는데 약속 시간이 지나도 김류가 나타나지 않았다. 하는 수 없이 김류 대신 이괄李适이 반정대장을 맡게 되었는데 상황을 저울질하던 김류가 약속 시간이 한참 지난 후에야 나타났고, 이에 화가 난 이괄이 김류를 처단하려 했으나 주위의 만류로 살려주었다. 그런데 반정이 성공한 후 김류가 1등 공신에 책봉되고 오히려 이괄이 2등 공신으로 밀려나면서 변방인 평안감사로 발령이 나버렸다. 여기에는 감정이 남아 있던 김류와 더불어 이괄의 세력을 두려워한 사람들의 모략이 있었다고도 하는데, 여하튼 이괄은 변방으로 밀려나면서 그의 불만은 폭발 직전까지 이르렀다.

이때 이괄이 난을 일으킨다는 소문이 돌자 인조는 그의 아들을 잡아들였고 이에 사태를 돌이킬 수 없었던 이괄은 결국 난을 일으켜 군사를 몰고 한양으로 진격해 왔다. 방어할 여력이 없었던 인조가 도성을 버리고 피난길에 올랐을 때, 한강을 건너야 하는데 나루터에 배가 한 척도 보이질 않았다. 마침 한강 건너편에 작은 고깃배 한 척이 보여 금부도사가 강을 건너오라 명했지만 어부가 이를 거부했다. 결국 금부도사가 직접 강을 헤엄쳐 건너가서 어부를 칼로 베고 배를 빼앗아 겨우 강을 건넜을 정도로 인조의 피난길은 궁색하고 급박했었다.

하지만 내부의 자중지란으로 이괄의 난은 실패로 끝났다. 인조는 가까스로 한양으로 돌아올 수 있었지만 이미 추락한 조정의 위엄과 왕의 권위는 쉽게 회복되지 않았다.

리더로서 인조의 가장 큰 과오는 두 번에 걸친 환란, 즉 정묘호란丁卯胡亂, 1627과 병자호란丙子胡亂, 1636을 초래한 것이다. 임진왜란이 선조의 최대 과오이듯 무능한 군주 인조 역시 전란의 소용돌이를 피해가기에는 국제 정세를 보는 안목과 외교 능력이 너무나도 부족했다. 지는 해 명明을 붙잡고 뜨는 해 청淸을 외면하니 환란은 불을 보듯 뻔한 일이었다.

나라 이름을 후금後金에서 청淸으로 바꾸고 황제의 보위에 오른 청태종은 1636년 12월 대군을 이끌고 조선을 침략했으니 이것이 병자호란이다. 청군淸軍에 쫓긴 인조와 백성들은 남한산성으로 도망쳐서 추위와 굶주림에 시달리며 47일 동안 농성했다. 하지만 식량이 바닥나 더이상 버틸 수 없었던 인조는 결국 눈바람 몰아치는 1637년 1월 30일, 곤룡포 대신 신하의 색인 남색 옷을 입고 죄수들이 드나드는 문인 서쪽 문우익문(右翼門)을 통해 나가 북쪽 단상에 앉아있는 청태종 황타이지皇太極에게 삼배구고두례三拜九叩頭禮를 올리며 치욕적인 항복을 하게 된다. 이후 자신은 궁궐로 돌아와 다시 어좌에 앉았지만 소현세자昭顯世子와 봉림대군鳳林大君은 아버지 대신 심양瀋陽으로 끌려가 8년간 인질 생활을 해야만 했다.

패전국의 왕자 인질이었지만 소현세자는 현지에서 평판이 아주 좋았

〈남색 옷을 입은 채 두 손을 모으고 청태종 앞에 서 있는 인조〉

다. 청에 포로로 끌려와 노비로 거래되는 조선 백성들을 사서 신분을 회복시켜주는 한편, 아담 샬Adam Schall을 비롯한 천주교 신자들을 자주 접하면서 서양 문물에 많은 관심을 가지게 되었다. 또한 청국 고위 인사들과 우호적인 관계를 형성해 외교 창구 역할까지 수행했다.

하지만 소현세자의 이런 행보에 엄청난 반감과 배신감을 느꼈던 인조는 1645년 음력 2월 한양으로 돌아온 세자의 이마에 벼루를 던져 분노를 표출했고, 두 달 뒤인 음력 4월 26일 소현세자는 의문의 죽음을 당했다. 그 후 인조는 영의정 김류의 강력한 반대에도 불구하고 소현세자의 동생 봉림대군을 후계자로 선정했다. 소현세자의 아들이 왕이 되면 자기 아버지의 복수를 할지 모른다는 두려움 때문이었다.

뿐만 아니라 인조는 남편의 갑작스런 죽음에 의구심을 품은 며느리 세자빈 강씨에게 사약을 내리는 한편 소현세자의 세 아들을 모두 제주도로 유배 보내버렸다. 제주도 유배 생활에서 첫째와 둘째는 의문의 죽음을 당하고 막내 셋째만 살아남게 되는데, KBS 드라마 〈추노推奴〉2010가 이 때를 배경으로 그린 드라마였다. 소현세자의 셋째 아들을 구해 인조를 몰아내려고 하는 주인공들과, 이 반정을 막으려고 셋째 아들을 죽이러 자객을 제주도로 보내는 인조 측근 악당들의 대결을 그린 내용이었다.

추노推奴는 도망친 노비를 쫓아가 잡아들인다는 뜻인데 이런 일을 전문적으로 하는 사람들을 추노꾼, 내지는 추쇄꾼이라 불렀다. 인조 때는 백성들 중 삼분의 일이 노비였다고 한다. 전란 후에 먹고 살 길이 막막해진 백성들이 스스로 양반가의 노비로 몸을 팔았는데, 이유는 단 하나 굶어 죽는 것을 피하기 위해서였다. 백성들이 이렇게 노비로 전락하니 국가의 재정과 국방은 더욱 어려워질 수밖에 없었다. 일반 상민이 납세와 군역의 의무가 없는 노비로 전락하니 국가 재정이 바닥나고 국방이 허술해지는 것은 당연한 일이었다.

한민족 오천 년 역사에서 백성들의 삶을 힘겹게 했던 임금의 첫째가 인조였고 둘째가 선조였으니, 광해군을 사이에 두고 마주한 두 임금의 치세 기간이 조선왕조 역사에서 가장 암울한 시기였다. 공자는 호랑이보다 무서운 것이 탐관오리와 폭군暴君이라 했는데, 어찌보면 수신修身과 정무政務에 밝지 못한 이런 암군暗君이 매미보다 못하고 폭군보다 무서운 존재인지도 모르겠다.

14

∙∙∙

당파黨派 이야기

태조 이성계가 조선을 건국하자 고려의 신하들은 두 부류로 나누어졌다. 새 왕조 조선에 합류해서 적극적으로 정치에 참여했던 사람이 있었던 반면, 망국에 대한 충절을 지키며 쓸쓸히 역사의 뒤안길로 사라져간 사람 또한 적지 않았다. 조준趙浚이 전자의 경우라면 후자의 대표적인 사람이 정몽주鄭夢周다.

조선에 합류하기를 거부했던 사람들은 죽거나 혹은 지금의 안동, 봉화, 영주 등지로 낙향했는데 그때부터 이 지역이 유학의 요람이자 정신 문화의 고향이 되었다. 낙향한 고려의 학자들은 세상과 담을 쌓고 후학 양성에 매진했다. 이후 세월이 흘러 이들이 키운 제자들이 세상에 출현하기 시작했는데, 김숙자金叔滋, 김굉필金宏弼, 김종직金宗直, 김일손金馹孫, 그리고 조광조趙光祖 같은 이들이 대표적인 인물이다.

이들은 민본사상民本思想과 왕도정치王道政治를 이론적 배경으로 사림士林을 형성해서 당시 권력을 쥐고 있던 훈구파와 대립하며 신선한 사상을 불러일으켰다. 결국 이 사림세력들은 중종과 명종을 거쳐 선조에 이르러 드디어 훈구파를 몰아내고 정치의 중심에 자리잡게 되었다. 그런데 이 사림세력이 1577년 5월 이조전랑吏曹銓郎 자리를 놓고 다투게 되면서 두 갈래로 갈라지고 말았다.

전랑은 원래 정5품 정랑과 정6품 좌랑을 합쳐서 부르는 말로, 관직은 별로 높지 않지만 임금이 4품 이상의 인사를 단행할 때 이 인사에 대한 합의권을 가진 자리였다. 또한 전랑은 자신이 물러날 때 후임자를 지명할 수 있는 권한까지 가지고 있어 누구라도 탐내는 요직이었다. 이 자리를 놓고 김효원金孝元과 심의겸沈義謙이 다투게 되었는데, 당시 김효원의 집이 도성 동쪽인 마르내건천동에 있다하여 동인東人으로, 그리고 심의겸의 집이 도성 서쪽인 정동에 위치했다 하여 서인西人으로 불렸다. 동인들은 주리론主理論을 주장하는 퇴계 이황의 사상을 따르는 사람들이 주류였는데 이산해李山海, 김성일金誠一, 류성룡柳成龍 등 경상도 출신들이 많았다. 반면 주기론主氣論의 율곡 이이를 따르는 서인들은 윤두수尹斗壽, 정철鄭澈 등 경기도와 충청도 인물들이 많았다.

이렇게 동인과 서인들이 갈등을 빚으며 대립하고 있을 때 정여립鄭汝立 사건이 터졌다. 정여립은 전주 출신으로 무술이 뛰어나고 머리 또한 총명했다고 한다. 스물네 살 때 과거에 급제해 장래가 촉망되는 인재로 평가받던 정여립은 당시 서인들과 교류하면서 이이李珥와 성혼成渾의 각별한 총애를 받았다. 그런데 그가 정5품 홍문관 수찬이 되면서 이이와 성혼을 비판하고 동인으로 돌아서 버렸다. 그 이유에 대해서는 여러가지 추측들이 있었지만 어쨌든 서인들 입장에서는 정여립의 처신에 대한 불만이 극에 달했다. 그러던 중 1589년 10월에 정여립이 대동계를 조직하고 사병을 모아 역모를 꾀한다는 괴소문이 나돌았다. 이에 놀란 선조는 정철鄭澈을 수사책임자인 위관委官으로 임명하고 사건의 철저한 규명을 지시했다.

정철의 지휘 아래 조사가 진행된 정여립 모반 사건은 결국 1000명이 넘는 사람들이 사사당하거나 곤욕을 치르면서 끝이 났다. 이 사건이 바로 조선의 4대 사화를 합친 것 보다 더 많은 피를 보았던 기축옥사己丑獄事다. 400년이 훨씬 지난 지금까지도 정여립과 기축옥사에 대한 평가는 의견이 분분한데, 중요한 것은 이 사건으로 인해 조선을 이끌어가야 할 1000명이 넘는 인재들을 한꺼번에 잃어버렸다는 것이다. 그리고 기축옥사 이전의 당파 싸움은 단순히 학문과 사상의 차이에서 비롯되는 이론의 대립이었지만 이 피비린내 나는 기축옥사를 기점으로 두 세력은 불구대천의 원수로 갈라서게 되었다. 비천한 출신과 미약한 지지기반의 선조는 이처럼 신료들간의 잔인한 대결 구도를 조성해 자신의 정통성 확립과 왕권 강화를 도모해 나갔다.

그 이후 얼마간의 시간이 흘러 조정 신료들의 관심은 세자 책봉 문제에 쏠리게 되었다. 평소 세자 책봉에 관심이 없던 선조는 이 사안에 대해 논의하는 것 조차 싫어했고 노골적으로 짜증을 냈다. 하지만 국본國本인 세자가 정해지지 않으면 정치가 바로 설 수 없다고 생각한 정철은 특유의 불도저식 성격을 발휘해 광해군을 세자로 책봉할 것을 강력하게 주청했고, 이것이 선조의 역린逆鱗을 건드리게 되어 결국 귀양 가고 말았다.

이 사건으로 정철을 비롯한 서인들은 상당수가 실각하여 힘을 잃었고 동인들이 다시 득세하게 되었다. 하지만 동인 내에서도 의견이 두 갈래로 나누어지며 갈등이 발생하기 시작했다. 이 기회에 정철을 비롯한 서인들의 뿌리를 뽑아야 한다는 강경파와 그 반대인 온건파가 대립하게 된 것이다. 같은 동인에서 갈라진 이들은 지금까지 공동의 적이었던 서인보다 서로에 대한 적개심이 더 커졌다. 영의정 이산해를 중심으로 하는 강경파인 북인北人들은 지난 기축옥사 때 정철과 서인들이 자행한 잔인함에 아직도 치를 떨고 있었고, 반대로 별다른 곤욕을 치르지 않았던 류성룡을 중심으로 하는 남인南人들은 강경파의 처사가 도를 넘는다 하여 오히려 이를 공격하기에 이르렀다. 당시 이산해의 집이 궁궐 기준 북쪽인 북악산에 있어서 북인北人이라 하였고, 류성룡의 집이 남산 아래 마르내에 있었다 하여 남인南人이라 불렀다. 이산해를 비롯한 북인들에게 학문적으로 큰 영향을 끼쳤던 남명南冥 조식曺植은 평소 '선비는 유사시에 글을 통해 배운 것을 몸으로 실천해야 한다'는 사고방식을 가지고 있었다. 말 그대로 지행합일知行合一 사상인데, 그래서였는지 임진왜란이 발발하자 홍의장군 곽재우郭再祐처럼 책을 던져버리고 칼을 들고 전쟁터로 나갔던 상당수의 선비들이 북인 출신이었다. 광해군도 임진왜란 때 이런 북인들의 도움으로 의병을 규합하며 전란을 수습해 민심을 얻어 나갈 수 있었다.

영화 〈최종병기 활〉2011은 야밤에 관원들이 들이닥쳐 주인공 오누이의 아버지를 역적으로 몰아 죽이는 장면으로 시작한다. 개성의 아버지 친구 집으로 달아난 오누이에게 아버지 친구가 "평소 너희 아비가 남긴 말이 없었느냐"라고 묻는다. 이에 어린 주인공은 "외교를 모르는 자들이 임금을 옹립하니 장차 전쟁이 일어날 것이다"라고 아버지가 말했다고 대답한다.

이 장면에서 유추해보면 주인공 오누이의 아버지는 남명 조식의 영향을 받았던 북인이고 임진왜란 때 의병 활동을 하며 광해군을 도왔던 사람일 것이다. 그래서 광해군이 인조반정으로 축출된 직후 비밀리에 광해군 재추대를 논의하다 인조 측 관군들에게 발각되어 집안이 몰락하는 참변을 당하게 되는 것으로 추측할 수 있다.

〈삼전도비(三田渡碑)의 뒷면〉
서울특별시 송파구 잠실동 소재

이처럼 인조반정으로 광해군이 쫓겨나면서 당파의 지도는 다시 그려지게 된다. 인조를 보위에 올린 사람들은 그동안 입술을 깨물며 와신상담 기회를 엿보던 서인들이고, 반면 광해군을 도왔던 북인들은 이후 역사에서 그 자취를 감추고 만다. 그리고 한때 북인들과 같은 배를 탔던 남인들은 소수 세력으로 남아 조선 후기까지 미력하나마 그 명맥을 유지하게 된다.

인조반정을 계기로 세상은 그야말로 서인들의 천하가 되었다. 하지만 집단 권력이 오래가는 경우는 보기 힘들 듯, 그 단단했던 서인세력도 곧 균열이 가지 시작했다. 병자호란이 발발하자 인조는 남한산성에 피신한 채 47일간 농성籠城에 들어갔다. 하지만 결국 먹을 양식이 없어 청태종에게 항복하고 청태종은 자신의 덕을 기리는 '삼전도의 비'를 세워 추앙하라는 숙제를 남기고 철수한다.

비할 데 없이 곤욕스러운 일이었다. 나아가 중요한 것은 그 치욕적인 비문을 과연 누가 쓸 것인가 하는 문제였다. 이것은 본인 당사자만의 문제가 아니라 가문 대대로 이어지는 씻을 수 없는 치욕이기에 누구하나 선뜻 비문을 쓰겠다고 나서는 이가 없었다. 결국 인조가 통사정한 끝에 마음 약한 부제학 이경석李景奭이 맡게 되었다.

인조 17년1639년 12월에 세워진 삼전비의 정식 명칭은 '대청황제공덕비大淸皇帝功德碑'다. 조선이 청에 항복하게 된 경위와 청태종의 덕을 칭송하는 것이 주요 내용이다. 비석 앞면에는 몽골 글자, 우측에는 만주글자, 뒷면에는 한자로 새겨져 있다. 부제학 이경석李景奭이 비문을 지었고 도총관 오준吳竣이 글씨를 썼다.

이경석은 이 비문을 쓰고 대제학으로 승차했지만 그의 마음이 기쁠 리 없었다. 이후 그가 죽고나서 자신이 우려했던 대로 선비들 사이에서는 이경석을 두고 온갖 비난과 욕이 난무했다. 특히 서인의 영수 송시열宋時烈은 공개석상에서 이경석을 자주 비난했고, 이런 와중에 서인의 젊은 인사들을 중심으로 이경석에 대한 동정론을 갖는 사람들이 생겨나기 시작했다. 그들의 생각은 간단했다. '이경석이 훗날 이런 비난을 받을 줄 모르고 어명을 따랐겠나. 오히려 이경석이야말로 자신을 희생하고 임금을 구한 의인義人이다'라는 생각을 가진 젊은 신료들은 윤증尹拯, 박세당朴世堂을 중심으로 거두 송시열과 설전을 벌이며 대립하기 시작했다. 이후 결정적으로 윤증의 아버지 윤선거尹宣擧에 대한 평가를 두고 송시열과 윤증이 회니시비懷尼是非로 격렬하게 대립한 끝에 결국 서인은 송시열을 중심으로 하는 노론老論과 윤증을 중심으로 하는 소론少論으로 갈라지고 말았다.

당시 이들의 갈등이 얼마나 깊었는지 노론 부인들의 주름치마는 주름이 넓은 반면 소론 부인들의 주름은 좁아서 치마 모양만 봐도 노론 부인인지 소론 부인인지 바로 알 수 있었다고 한다. 이후 숙종대에 이르러 수구세력인 노론은 인현왕후를 지지했고, 이에 반대하는 소론은 동인에서 갈라져나온 남인세력과 연합해서 장희빈을 지지했다. 그리고 사도세자가 죽은 후 노론은 다시 사도세자와 정조를 지지하는 시파時派와 끝까지 반대하는 강경파인 벽파僻派로 또 갈라졌다. 소론과 남인 세력은 노론 벽파에 맞서 사도세자와 정조대왕의 지지세력으로 한때 기세를 올렸지만 1800년 6월 정조대왕이 승하하고 대왕대비였던 정순왕후貞純王后가 수렴청정垂簾聽政에 들어가면서 실학의 몰락과 천주교의 박해라는 거대한 풍랑에 휩쓸려 역사의 파도 속으로 가라앉고 말았다.

보필 리더십

인간에게 사지(四肢)가 있는 것은 우주에 4계절이 있기 때문이고, 1년에 열두 달이 있는 것은 인간의 몸에 열두 개의 경락이 있기 때문이며, 1년이 365일인 것은 인간의 몸에 360개의 뼈마디가 얽혀 있기 때문이라고 여겼다. 서양은 인간의 생명을 관장하는 몸에 난 별이 일곱 개이듯, 우주를 관장하는 별인 북두칠성 역시 일곱 개라고 생각하는 것에 반해 동양은 아홉 개라고 보았다. 그 아홉 개의 별 중에서 화려하게 드러나지는 않지만 생명을 유지하거나 조직을 운영함에 있어 없어서는 안되는 두 개의 별을 보성(輔星)과 필성(弼星)이라 하여 임금 곁에서 보살피며 돕는 것을 보필(輔弼)이라고 한다.

15

보필輔弼 리더십
- 초요기招搖旗와 북두칠성北斗七星

옛말에 이르길 '충신은 임금의 뜻[志]을 받드는 사람이지 명[命]을 받드는 사람이 아니다'라고 했다. 신하의 도리는 자신이 섬기는 임금을 올바른 길로 인도하고, 그 과정에서 잘못된 일은 지적하고 논쟁하며 임금이 나라를 풍요롭게 이끌어 갈 수 있도록 곁에서 도와주는 것이다. 그래서 흔히 임금 곁에서 보살피며 돕는 것을 보필輔弼이라 한다. 보필에서 '보輔'는 '길을 똑바로 이끄는 것'을 말하고, '필弼'은 '잘못을 바로 잡아 주는 것'을 뜻한다.

영화 〈명량〉2014을 보면 이순신이 탄 대장선에서 아군의 배에 작전 명령을 내릴 때 깃발을 돛대에 올려 신호를 보내는 장면이 있다. 이 깃발을 '명령기' 혹은 '초요기招搖旗'라 부르는데 왜군은 이 초요기가 올라가지 못하게 기수를 저격하고, 반대로 조선 수군은 반드시 올리려고 필사의 노력을 하는 모습을 볼 수 있다.

초요기는 원래 임금이 궁 밖으로 행차할 때 어가의 맨 앞에 세우는 깃발

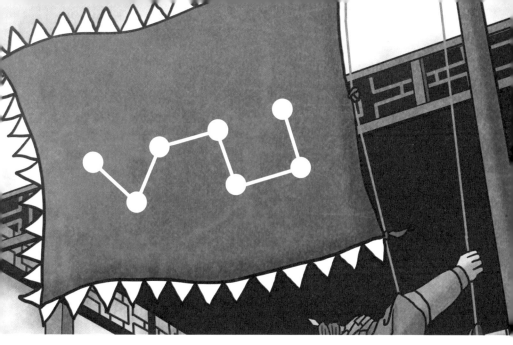

〈초요기(招搖旗)〉

인데 군에서는 명령기로도 사용했다. 그 중에서도 육군은 대장이 있는 중
군中軍에서, 그리고 수군은 대장이 있는 대장선에서 초요기를 명령기로 사
용했다. 멀리서도 쉽게 식별할 수 있게 색깔로 구분했는데, 예를 들면 붉
은색 초요기가 오르면 공격, 푸른색 기가 오르면 집중, 그리고 흰색 기가
오르면 후퇴를 뜻하는 신호였다. 다만 어떤 색깔의 초요기가 오르더라도
무늬는 단일 무늬를 사용했는데 그 무늬가 바로 북두칠성北斗七星이었다.

북두칠성은 국자 모양의 큰곰자리 일곱 개 별로써 우주를 관장한다고
믿었던 별이다. 국자의 손잡이 끝부분인 막냇별 이름이 어떤 적군도 용감
무쌍하게 격퇴시켜 버린다는 파군성破軍星이다. 그래서 조선시대에는 대장
이 있는 대장선이나 공격군의 선봉인 돌격대는 하늘로부터 그 용맹함을
이어받고자 '용감무쌍勇敢無雙'을 상징하는 파군성의 북두칠성을 초요기로
사용했다. 그런데 이 북두칠성을 바라보는 시각에 있어 동양과 서양이

비슷한 점과 다른 점을 동시에 가지고 있다는 것이 매우 흥미롭다.

동양과 서양은 예로부터 인체는 소우주小宇宙라는 점에서 같은 시각을 견지해 왔다. 인간에게 사지四肢가 있는 것은 우주에 4계절이 있기 때문이고, 1년에 열두 달이 있는 것은 인간의 몸에 열두 개의 경락이 있기 때문이며, 1년이 365일인 것은 인간의 몸에 360개의 뼈마디가 얽혀 있기 때문이라고 보았다.

하지만 서양은 인간의 생명을 관장하는 몸에 난 구멍별이 일곱 개눈 2, 귀 2, 코 2, 입 1이듯 우주를 관장하는 별인 북두칠성 역시 일곱 개라고 생각하는 것에 반해 동양은 아홉 개라고 보았다. 우주를 관장하는 별은 북두칠성이 아니라 아홉 개인 북두구진北斗九辰인데 다만 눈에 보이는 별이 일곱 개일 뿐이라는 것이다. 이 북두구진이 인간의 수명과 운명을 주관하는 별자리로, 인간의 길흉화복이 여기에서 비롯된다고 보았다. 그래서 동양은 생명을 관장하는 별, 즉 사람 몸에 난 구멍도 눈에 보이는 일곱 개 외에 두 개가 더 있다고 생각한다. 그것이 바로 항문과 성기인데, 눈에 보이지는 않지만 생명을 유지하는 데 없어서는 안되는 이 두 개의 별을 보성輔星; 항문과 필성弼星; 성기이라고 불렀다. 그래서 화려하게 드러나지는 않지만 생명을 유지하거나 조직을 운영함에 있어 없어서는 안되는 두 개의 별을 보필輔弼이라고 하는 것이다. 서양 리더십에서는 상사를 이끄는 보필의 개념을 거의 다루지 않는다. 하지만 동양은 예로부터 윗사람을 이끄는 것도 리더십의 연장선이라 보고 임금을 올바른 길로 이끄는 충신의 역할처럼, 조직에서 아랫사람과 윗사람을 동시에 내 사람으로 만드는 것이 진정한 사람 관리의 핵심이라고 강조하고 있다.

대장금大長今과 선정릉宣靖陵

역대 사극 드라마 중 〈허준許浚〉1999과 더불어 최고의 시청률을 기록한 MBC 드라마 〈대장금大長今〉2003~2004은 중종中宗 때 출중한 의녀였던 서장금徐長今을 그린 드라마다. 드라마에서 중종이 사랑했던 의녀 장금이는 실록에도 존재하는 걸출한 의녀였지만 정작 수랏간 이야기는 실록에 없는 허구다. 중종과 더불어 드라마에서 비중있는 조연으로 나왔던 중전이 문정왕후文定王后인데, 당시 드라마에서는 문정왕후가 실제보다는 여러 부분에서 좋은 이미지로 그려졌다.

드라마 〈대장금〉 1회의 첫 장면은 무관들이 뭔가를 들고 언덕을 올라가는 장면이다. 폐비 윤씨가 사사당하는 1482년 음력 8월 16일 윤씨에게 사약을 들고 갔던 무관이 장금이 아버지였고, 그 사약을 들고 가는 것이 드라마의 첫 장면이었다. 하지만 연산군이 왕이 된 후 어머니 윤씨의 죽음에 관련된 인물들이 줄지어 숙청되면서 장금이 아버지는 도망자 신세로 전락했고, 그 도피 시절에 역시 쫓기는 몸이었던 수라간 궁녀를 만나 숨어 살면서 장금이를 낳게 된다. 이후 장금이의 실수로 신분이 탄로난 아버지와 어머니는 도망길에 관군들의 화살에 맞아 죽게 되고, 고아가 된 장금이는 주막에 얹혀 살면서 어렵게 유년시절을 보내게 된다. 이 즈음에 연산군의 폭정에 참다못한 세력들이 1506년 음력 9월 2일 연산군을 몰아내고 연산군의 이복동생 진성대군晉城大君을 새로운 임금으로 추대하니 그가 곧 조선의 11대 임금 중종中宗이다.

하지만 중종을 추대한 박원종朴元宗, 심정沈貞, 성희안成希顔 같은 반정세력들은 중종에게 부인을 내칠 것을 주장했고, 중종도 끝내 이를 막지 못해 조강지처를 궁에서 쫓아내니 그가 곧 '7일 왕비'였던 단경왕후 신씨端敬王后 愼氏다.

〈중종의 무덤인 정릉(靖陵)〉
서울특별시 강남구 삼성동 소재

단경왕후 신씨가 반정세력들로부터 축출당했던 이유는 그녀의 아버지가 연산군의 총애를 받던 좌의정 신수근愼守勤이었고, 신수근의 누이가 연산군의 부인인 폐비 신씨廢妃 愼氏였기 때문이다. 단경왕후를 내친 중종은 장경왕후 윤씨章敬王后 尹氏를 계비로 맞이하고 1515년 아들을 낳으니 그가 후일 비운의 임금으로 기억되는 인종仁宗이다.

하지만 인종을 낳은 장경왕후는 산후 궐심통心근경색으로 닷새 만에 세상을 떠난다. 그리고 세 번째 중전이 그 자리를 차지하게 되는데, 그녀가 드라마 대장금에서 중전으로 나오는 조선의 3대 악후惡后인 문정왕후 윤씨文定王后 尹氏다. 이 문정왕후와 더불어 그녀의 남동생인 윤원형, 그리고 윤원형의 첩인 정난정 이 세 사람의 악행을 리얼하게 그렸던 드라마가 세간의 화제를 모았던 〈여인천하女人天下〉2001였다. 중종은 사후 장경왕후와 함께 경기도 파주에 묻혔으나 1562년 문정왕후가 남편 중종의 능을 시아버지인 성종이 묻혔던 선릉宣陵 옆으로 옮겨와 정릉靖陵으로 꾸몄다. 여기에 자신이 죽으면 묻힐 능지를 함께 만들어놓고 스님 보우普雨大師와 함께 봉은사奉恩寺까지 주변으로 옮겨왔다. 하지만 당시 그곳 선정릉宣靖陵 주변의 삼성동 일대는 지대가 낮아 장마철만 되면 한강물이 범람해서 물바다를 이루었다. 결국 이러한 입지 조건 때문에 그 많은 사전 작업을 벌여놓고도 정작 문정왕후 본인은 전혀 다른 곳에 묻혔는데 그곳이 바로 태릉泰陵이다.

능을 잘못 옮겨온 탓인지 천장遷葬한 이듬해 명종의 아들 순회세자順懷世子가 죽고, 2년 뒤 문정왕후가 죽었으며, 또다시 2년 뒤 명종마저 승하했다. 더욱이 임진왜란 때 이 선정릉이 왜군들에게 도굴당해 성종과 중종의 유해가 다른 유해들과 뒤섞여 나뒹굴었다고 한다. 나중에 전란이 끝나고 수습에 고심하던 선조는 고육지책으로 오래전에 먼 발치에서 중종의 얼굴을 한 번 본적이 있다는 시골 노인을 데려와서 뒤섞여 있던 유해들 중에서 중종의 것을 찾으라 했다고 전해진다.

중종은 1515년에 장경왕후章敬王后와의 사이에서 태어난 이호李岹, 훗날 인종를 세자로 책봉하고 후계로 이을 생각이었는데, 세 번째 중전인 문정왕후는 1533년에 자기가 낳은 이환李峘, 훗날 명종으로 후사를 잇고 싶어했다. 그래서 장경왕후의 오라버니이자 인종의 외숙부인 윤임을 중심으로 이호를 지지하는 대윤파大尹派와 문정왕후와 윤원형을 중심으로 이환을 지지하는 소윤파小尹派가 첨예하게 대립하게 되었다. 결국 대윤파가 이겨 인종이 보위에 오르게되나 1년만에 의문의 죽음을 당하고 그 뒤를 이어 이복동생 경원대군 이환이 보위에 오르는데 그가 13대 임금 명종明宗이다.

명종이 보위에 오르자 문정왕후와 소윤파들은 윤임을 필두로 한 대윤파를 숙청하게 되니 이것이 곧 1545년에 발생한 을사사화乙巳士禍다. 하지만 열세 살의 어린 나이에 보위에 오른 명종은 어머니 문정왕후의 수렴청정과 외삼촌 윤원형의 전횡에 많은 스트레스를 받았고, 이에 비례해서 백성들의 고초는 날로 커져만 갔다. 그리고 이러한 폭정에 못 견디고 결국 의적이 등장하게 되니 그가 바로 임꺽정林巨正이다.

사진 속의 인적없는 정릉은 적막감이 느껴진다. 정靖은 적막함을 뜻하고, 겨울과 음陰을 상징하며, 또한 죽은 자를 의미한다. 항상 닫아 두고 사람의 출입을 금하는 한양의 북대문이 숙정문肅靖門이고, 가뭄이 들면 숭례문을 닫고 대신 열어 두는 문 또한 이 숙정문이다. 아울러 '고요하고 적막한 신神들의 나라'라는 뜻으로 일본의 극우주의자들이 전범戰犯들을 기리는 곳이 야스쿠니靖國신사다. 중종은 평생 세 명의 중전과 함께 했지만 살아서도 죽어서도 이별의 아픔을 강요당해 결국 쓸쓸한 적막감에 싸여 혼자 누워 있다. 대한민국에서 가장 붐비고 활기찬 강남 한가운데에 있는데도 사람들은 정릉靖陵이라 부른다.

제 16 장

2인자의 처세술 1

유방이 진(秦)나라를 물리치고 아방궁에 입성했을 때 다른 사람들은 앞다투어 보물 창고로 뛰어들었지만 소하만은 달랐다. 금은보화에는 눈길도 주지 않은 채 진나라의 법령과 문서들을 정리하고 연구했던 유일한 사람이 바로 소하였다. 그랬던 소하가 가뭄으로 굶어 고생하는 백성들을 상대로 돈을 빌려준 뒤 갚지 못하는 백성들을 노비로 팔아 엄청난 돈을 모았다. 이후 소하는 한고조의 명으로 결국 재산을 백성들에게 되돌려줌으로써 돈과 재물은 잃었으나 그 대신 목숨과 가문을 구할 수 있었다.

16

2인자의 처세술 1
- 한고조漢高祖와 소하蕭何

예로부터 '용기와 지략이 군주를 능가하는 자는 그 몸이 위태롭고, 공로가 천하를 뒤덮는 자는 오히려 화를 면치 못한다'고 했다. 조직의 2인자는 그 처세에 신중함과 절묘함이 없으면 불행해질 수밖에 없는 운명이라는 뜻이다.

유방劉邦은 항우項羽를 물리치고 황제로 등극한 후 소하蕭何를 재상의 자리인 상국相國에 앉혔다. 소하는 유방과 같은 고향 패현沛縣 출신으로 처음에는 고을의 하급 관리였으나 유방이 어려울 때 도움을 주면서 서로 친해졌다. 이후 유방이 항우와 천하쟁패를 벌여 여러 번 곤경에 빠졌을 때도 병참과 문서를 담당했던 소하는 한 번의 실수도 없이 병사와 군량을 제때 지원해 유방이 항우를 물리치는 데 지대한 공을 세웠다.

원래 유방의 한군漢軍은 항우의 초군楚軍에 비해 세력이 약했기 때문에 항우에게 자주 패해 손실이 컸었다. 하지만 그때마다 한치의 어긋남도 없는 소하의 지원 덕분에 유방은 마음 놓고 싸울 수 있었다. 드디어 항우를

蕭何

〈소하(蕭何)〉

물리치고 황제에 오른 유방은 한신韓信과 장량張良을 뒤로하고 소하를 한漢나라 건국의 일등공신이라 치켜세우며 일인지하 만인지상의 자리인 상국에 앉혔던 것이다.

실로 소하는 대단한 사람이었다. 유방이 진秦나라를 물리치고 아방궁에 입성했을 때 다른 사람들은 앞다투어 보물 창고로 뛰어들었지만 소하만은 달랐다. 금은보화에는 눈길도 주지 않은 채 진나라의 법령과 문서들을 정리하고 연구했던 유일한 사람이 바로 소하였다.

한고조는 비록 항우를 물리치고 황제가 되기는 했지만 항우의 세력들을 완전히 제압한 것은 아니었다. 그래서 한나라가 건국된 지 5년이 지났음에도 유방은 황제의 몸으로 여전히 항우의 잔당들을 진압하러 전장을 누비고 다녀 궁에 머물 시간이 거의 없었다. 따라서 내정 업무는 상국인 소하가 궁에 머물며 처리할 수밖에 없는 실정이었는데, 소하의 탁월한 업무 처리와 원만한 인품에 그를 향한 신료들과 백성들의 신뢰는 갈수록 깊어졌다.

그러던 어느 날 소하의 집에서 식객으로 머물고 있던 사람이 갑자기 소하를 만나기를 청했다. 그는 소하를 보자마자 대뜸 큰 절을 올리더니 이제는 이 집을 떠나야 할 때가 온 것 같다며 작별 인사를 했다. 이에 놀란 소하가 무슨 불편한 일이라도 있었느냐고 물으니 그가 대답하길, "이 집에 계속 머물다가는 올해가 가기 전에 제 목이 달아날 것 같습니다. 그래서 미리 떠나려는 것입니다"라고 말했다. 더욱 놀란 소하가 바짝 다가앉으며 다시 물었다. "아니 누가 이 나라 상국의 손님인 그대의 목을 벤단 말이오?"

그리고 대화가 이어졌다. "천하의 주인은 지금 누구입니까", "그야 당연히 황제 폐하시지 않소?"라고 식객의 질문에 소하가 대답했다. 그러자 식객이 "그럼 그 황제 폐하는 지금 어디에서 무엇을 하고 계십니까?"라고 문자 소하가, "그야 항우의 잔당들을 진압하러 전장을 누비고 계시지 않소. 지난 번에는 진희陳豨의 난을 진압했고 이번에는 경포黥布의 난을 진압하러 친히 출정하지 않았소?"라고 대답했다. 그러자 식객이 안색을 바꾸고 다시 물었다.

"그럼 황제를 대신해서 내정의 일을 누가 보고 있습니까?" 그러자 소하가 기다렸다는 듯이, "그야 상국인 내가 도맡아 하고 있지 않소. 폐하께서도 나를 신임하셔서 전권을 맡기고 출정했던 것이 아니오?"라고 말했다.

이 말을 들은 식객은 딱하다는 듯이 긴 한숨을 내쉬며, "지금 폐하께서는 역도의 잔당들을 진압하러 출정 중이십니다. 추운 군막 안에서 잠을 자고 엉덩이가 짓무르도록 말을 달리며 동분서주하고 계십니다. 반면에 상국은 어떻습니까? 편안한 궁궐 안에서 문서 업무만 보고 계십니다. 더구나 상국을 향한 신료들과 백성들의 믿음이 황제를 능가하고 있습니다. 상국께서 천하의 1인자라면 장차 이 일을 어찌 처리하실 요량이십니까? 이런 연유로 상국께서는 조만간 큰 화를 입으실 것 같고, 그렇게 되면 식객인 저 역시 죽을 운명이 되겠기에 미리 알려드리고 이 집을 떠나려는 것입니다"라고 말을 맺었다.

순간 소하는 정신이 아찔해졌다. 식객에게 바짝 다가가 다시 한번 물었다. "그럼 내가 어찌 해야 되겠소?" 이에 식객이 주변을 한차례 둘러본 후 낮은 목소리로 대답했다.

〈소하가 정무를 보던 장안성(長安城)〉
중국 산시성 시안시 소재, 문상현 서남민족대학교 교수 촬영 및 사진 제공

"이번 일은 상국께 큰 재앙의 화근이 될지도 모릅니다. 폐하께서 진희의 난을 진압하고 미처 짐도 풀기 전에 이번에는 경포를 제압하러 출정하셨는데 상국은 지금 나라 안에서 집이나 보고 있습니다. 더욱이 지난번에 한신韓信이 모반을 꾀한 이후로 폐하께서는 상국까지도 믿지 않고 계십니다. 근래에는 매일같이 사자를 보내 도성 내 근황을 살핀다 하지 않습니까? 이럴 때일수록 민심이 상국께 향하게 해서는 안됩니다. 지금부터 제가 하는 말을 잘 듣고 그대로 행하십시오. 내일부터 당장 논밭을 대량으로 사들이십시오. 살 때는 헐값으로 사들이되 대금 지불은 질질 끌어 상국에 대한 백성들의 원망을 일으키십시오. 그리하면 폐하께서도 경계하지 않으실 것입니다."

소하는 식객의 말을 그대로 따랐다. 가난한 백성들의 땅을 헐값에 사들인 후 벼슬을 원하는 부자들에게 비싼 값에 되팔아 큰 이익을 남기고, 가뭄 때 굶어 고생하는 백성들을 상대로 돈을 빌려준 뒤 갚지 못하는 백성들을 노비로 팔아 엄청난 돈을 모았다.

이렇게 2년이 흐르고 고조유방가 경포의 난을 진압한 후 도성에 개선했다. 고조가 궁에 들어서자 산처럼 쌓여 있는 탄원서가 그를 맞이했다. 백성들이 소하를 원망하여 처벌을 내려달라며 올린 탄원서들이었다. 고조는 소하를 불러 뜻모를 미소를 지으며 "그동안 상국이 백성들을 착취했다는 소문이 자자하던데 재산은 어느 정도 모았소?"라고 물으니, 소하가 엎드려 대답하길, "예. 폐하. 소신이 이제 늙어 노회한 탓인지 근래에 젊어서는 관심 없던 재물 모으는 일에 낙을 붙였습니다. 저 죽고 나면 집안도 어찌 될지 알 수 없어 재물이라도 자식들에게 남겨 부모된 도리라도 다할까 하옵니다. 그래서 그런지 다른 데는 전혀 욕심이 안 생깁니다만 돈과 재물만 보면 어찌할 바를 모르겠습니다"라고 하였다.

그러자 고조는 "아니, 천하의 군자 상국께서 어쩌다 오늘의 이 지경이 되셨단 말이오?"라며 크게 웃은 뒤, 그동안 착취로 모은 소하의 전재산을 백성들에게 되돌려주라고 명했다. 그러자 소하는 아까운 마음을 고조에게 수차례 상소로 올려 명을 거두어 주길 청했으나 거절당했고, 끝내는 마지못해 따르는 척 모두 되돌려 주었다. 소하는 이 일로 돈과 재물은 잃었으나 그 대신 목숨과 가문을 구할 수 있었다.

한양의 4대문과 4소문

임진왜란이 발발하기 직전 한양漢陽의 가구 수는 약 2만 5천 호戶에 인구는 12~13만 명 정도 되었다. 한양은 조선의 도읍으로서 사통팔달四通八達로 이어져야 했기 때문에 대문 네 개와 소문 네 개를 만들었다.

대문 네 개는 동·서·남·북 각 방향으로 한 개씩 만들었는데, 유학의 기본 4대 이념을 인용해서 동쪽에 인仁, 서쪽에 의義, 남쪽에 예禮, 북쪽에 지智를 붙여 만들었다. 이렇게 탄생한 4대문이 바로 동대문인 흥인지문興仁之門, 서대문인 돈의문敦義門, 남대문인 숭례문崇禮門, 북대문인 소지문昭智文, 즉 숙정문肅靖門이다.

예로부터 동東쪽은 하루 중 아침朝, 계절로는 봄春, 유학사상으로는 어짊仁, 신료 중에서는 문관文官, 방위 색깔은 푸른색, 신성동물 중에서는 용龍을 뜻한다. 수원화성의 동쪽문이 창룡문蒼龍門인 것도 같은 이유에서다.

일설에 의하면 태조가 조선을 건국하고 궁궐을 지을 때 그 터를 놓고 많은 이견이 있었다고 한다. 당시 무학대사는 지금의 신촌인 모악산 일대를 주장했던 반면 정도전은 경복궁 자리를 주장했다. 결국 정도전의 의견대로 경복궁이 현재의 터에 결정되자 무학대사는 걱정이 컸다. 그 이유는 남쪽을 보고 섰을 때 궁궐의 왼쪽인 동쪽이 지세가 낮아 왕실 내부에 우환이 많을 것으로 우려되었기 때문이다. 그래서 인위적으로나마 동대문 쪽에 흙을 쌓아 지세를 높이고자 했으나 별반 효과가 없었고, 급기야 대문의 이름에 산꼭대기 모양의 지之자를 붙여 산의 정기를 빌려오려고 했다. 그래서 동대문만 다른 문과 달리 유독 네 글자인 흥인지문興仁之門이 된 것이다.

반면 서西쪽은 하루 중 저녁夕, 계절로는 가을秋, 유학 사상으로는 의로움義, 신료 중

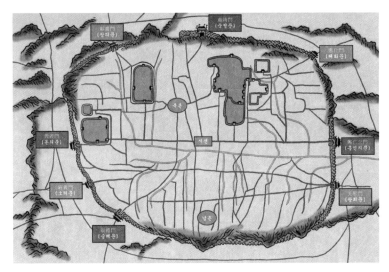

〈한양의 4대문과 4소문〉

에서는 무관武官, 방위 색깔은 흰색, 신성동물 중에서는 호랑이虎를 의미한다. 그래서 서대문을 돈의문敦義門이라 했는데 그것은 의를 돈독히 하는 문이라는 뜻이다. 여기서 의를 돈독히 하고자 했던 대상은 명明나라였다. 그래서 명의 사신들은 조선에 올 때 양화진이나 서강에 배를 대고 이곳 돈의문으로 들어왔다. 서대문은 4대문 중 현재 유일하게 남아 있지 않는 문인데 일제강점기 때 도로 확장 공사로 철거되어 버렸기 때문이다.

한편 남南쪽은 하루 중 낮畫을, 계절로는 여름夏을, 유학사상으로는 예禮를, 방위 색깔은 붉은색을, 신성동물 중에서는 주작朱雀을 뜻한다. 주작은 상상의 동물로 날개를 활짝 펼친 봉황의 모습인데, 남방을 지키는 동물로서 경복궁의 정문인 광화문의 천장에도 그려져 있다. 예를 숭상한다는 뜻의 숭례문崇禮門은 유일하게 현판이 세로로 씌여진 문이다. 당시 숭례문의 현판을 세로로 쓴 이유는 크게 두 가지로, 하나는 남대문에서 정면으로 보이는 관악산의 불火 기운이 너무 강해 하늘에서 땅으로 내리는 비陰의 기운을 북돋우기 위함이었다. 그리고 또 다른 하나는 한양의 정문은 숭례문이고 한양은 임금이 계신 곳이니 백성들이 임금의 집 대문인 숭례문에 들어올 때마다 예를 갖추고 수직관계를 명확히 마음에 새기도록 하기 위함이었다고 한다.

마지막으로 북쪽은 하루 중 밤夜을, 계절로는 겨울冬을, 유학사상으로는 지식과 지혜智를, 방위 색깔로는 검은색을, 신성동물 중에서는 현무玄武를 상징한다. 현무는 죽음을 뜻하는 북쪽의 신으로서 암수 한 쌍이 거북과 뱀의 머리를 서로 교차하고 있는 형태인데, 거북 등껍질의 방어력과 뱀 이빨의 공격력을 동시에 가진 동물로 최고의 전투력을 자랑한다. 우리 육군의 지대지 미사일인 '현무 미사일'이 탄생한 것도 이것과 무관치 않다.

북대문은 소지문昭智門이라 불렀다가 이후 숙청문肅淸門으로 불렀으나 지금은 숙정문肅靖門으로 부른다. 엄숙하고 고요한 문이라는 뜻이다. 평소에 닫아 놓고 사람의 왕래를 금지했기 때문이다. 북대문은 음양오행에서는 '물水'을 뜻한다. 남쪽 숭례문이 오행에서 불火을 상징해서 화기火氣가 많듯이 숙정문은 물의 기운이 많기 때문에 평소에 닫아 두어 사람 출입이 없었던 이 문을 가뭄이 들었을 때 활짝 열어 음기陰氣를 불러들이곤 했다.

그리고 한양의 4대문 사이마다 4소문이 자리잡고 있다. 동북쪽의 혜화문惠化門과 동남쪽의 광희문光熙門, 서남쪽의 소의문昭義門과 서북쪽에 위치한 창의문彰義門이 바로 그것이다.

숙정문이 항상 닫혀 있어 백성들이 함경도 방면으로 갈 때 주로 이용했던 혜화문의 원래 이름은 홍화문弘化門이었다. 여진족을 비롯한 오랑캐 사신들이 출입하던 문이기도 했기 때문에 이들에게 은혜를 내려 인간답게 교화시킨다는 뜻으로 중종中宗이 혜화문으로 고쳤다고 한다. 동남쪽의 광희문은 청계천 물이 흘러 나가는 문이라 하여 일명 수구문水口門이라 하는데, 시체가 나가는 문이기도 했기에 시구문屍口門으로도 불렸다. 인조가 병자호란을 맞아 남한산성으로 피난 갈 때 숭례문 대신 빠져나간 문이 바로 이 문이다.

한편, 서소문西小門이라 불리는 소의문昭義門은 의주 방면으로 가는 백성들이 주로 이용했던 문으로, 이 역시 시체와 죄수들이 나갔던 사연 많은 문이다. 1914년 일제강점기 때 도로 확장 명분으로 강제 철거되어 지금은 터만 남아있다.

서북쪽에 위치한 북소문北小門인 창의문彰義門은 4소문 중에서 유일하게 온전한 모양을 갖춘 문으로, 1623년 인조반정 때 반정군이 세검정을 거쳐 들어왔던 문이다. 그 후 120년 뒤 영조는 성문을 개수하면서 인조반정 공신들의 이름을 현판에 새겨 걸어 놓았다. 또한 수양대군이 명나라에 사신으로 떠나면서 정적政敵으로 떠오르고 있던 안평대군의 별장 무계정사武溪精舍를 한참 동안 쏘아보고 서 있었던 곳도 이 창의문 앞이었다. 창의문 성문의 천장에는 닭을 닮은 봉황이 그려져 있는데, 그 이유는 창의문 밖 지형이 지네처럼 생겨서 그 기운을 제압하기 위해 천적인 닭을 닮은 봉황을 그린 것이라 전해진다.

제 17 장

2인자의 처세술 2

왕전(王翦)은 국경 끝 함곡관(函谷關)에 이르는 동안 네 번이나 사자를 영정에게 보내 더 좋은 저택과 더 많은 돈을 요구했다. 이런 모습을 곁에서 지켜보던 아들 왕분(王賁)이 정색하며 따져 물었다. 그러자 왕전은 "지금 내가 경박스런 몸가짐으로 재물에 욕심을 보이지 않고, 생각이 깊은 표정을 짓거나 고민하는 모습을 보인다면 그는 필시 내가 다른 뜻이 있는 것으로 의심하여 지금 당장이라도 나를 소환할 것이다. 그래서 나는 다른 것에는 전혀 관심이 없고 오로지 돈과 재물에만 욕심이 가득 찬 소인배로 보여 나와 우리 가문을 지키려는 것이다"라고 아들에게 말했다.

17

2인자의 처세술 2
- 진시황秦始皇과 왕전王翦

진秦나라는 훗날 진시황秦始皇이 되는 영정嬴政이 진의 왕王이 된 후 급속도로 세력을 넓혀 마침내 기원전 221년에 전국시대戰國時代를 종결하며 천하를 통일하게 된다. 진시황은 전국시대에 걸쳐 팽팽하게 힘의 균형을 이뤄왔던 한韓나라를 기원전 230년에 무너뜨린 뒤, 그 여세를 몰아 2년 뒤에는 조趙나라를 공격해서 대승을 거두었다.

당시 조나라를 이기는 데 가장 큰 공을 세운 장수가 왕전王翦이었는데 그는 천하무적의 용맹함에 지략까지 갖춘 노장老將이었다. 이후 왕전은 기원전 226년 연燕나라를 공격해서 결정적인 승리를 거둔 데 이어 이듬해인 기원전 225년에는 위魏나라까지 점령함으로써 명실상부 진시황의 오른팔이자 진의 2인자 자리까지 올랐다.

과거에 중국 무술배우 이연걸이 주연으로 등장했던 〈영웅英雄〉2002이라는 영화가 있었다. 당시 이연걸이 진시황을 시해하려는 자객으로 나왔는데, 이연걸이 맡았던 이 자객은 역사적으로 형가荊軻라는 사람을 묘사한

王翦

〈왕전(王翦)〉

것이었다. 연燕나라의 태자 단丹이 장차 위협이 될 진왕秦王 영정을 죽이러 자객 형가를 보내는데, 이 형가가 배를 타고 역수를 건널 때 형가의 친구 고점리高漸離가 축筑, 현악기의 한 종류을 타면서 이별의 노래를 불렀다.

風蕭蕭兮易水寒 (풍수수혜역수한)
壯士一去兮不復還 (장사일거혜불복환)

바람은 쓸쓸하고 역수 물은 차가운데
한 번 간 장사는 다시 돌아오지 못하리

기원전 227년에 있었던 이 역수의 이별 장면은 사마천이 ≪사기史記≫에서도 애절하게 묘사했던 중국 역사의 명장면 중 하나다. 하지만 이 거사는 끝내 실패로 끝나고 영화에서처럼 형가는 처형당한다. 이 모든 것이 태자 단의 계획임을 안 진왕은 이듬해 연燕을 공격해서 수도 계薊, 지금의 베이징를 함락시키고 기원전 222년 끝내 연나라를 멸망시켰다.

이 영화에 등장하는 또 다른 주인공이 양조위와 장만옥인데, 이 둘은 사랑하는 연인 사이로 형가가 자객으로 떠나기 1년 전인 기원전 228년 진秦의 장수 왕전에게 공격당해 몰락한 조趙나라의 귀족들이었다. 조趙나라는 이로부터 6년 뒤인 기원전 222년 연燕나라와 함께 완전히 망하게 되지만, 이 두 명의 조나라 귀족들은 패전의 한을 씻고자 진왕을 시해하려는 이연걸을 도와주는 역할로 등장했다. 역사적 환경과 지역적 특징을 알고 영화를 본다면 훨씬 흥미있고 유익하게 볼 수 있다.

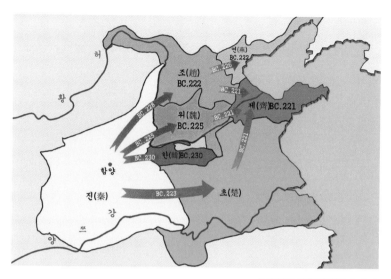

〈진(秦)의 통일 전쟁 공격 지도〉

왕전이 연燕나라와 위魏나라를 공격해 대승을 거두고 돌아오자 진왕 영정은 이번에는 강국 초楚나라를 공략하려고 마음먹었다. 초楚나라는 지금의 호남성과 운남성 일대의 남쪽 지역에 위치한 나라로 옛날 춘추시대부터 남만南蠻이라는 오랑캐로 취급당하면서 자생력을 키워온 남방의 강국이었다.

드디어 영정이 초楚나라 정벌 계획을 세우는데 젊은 장수인 이신李信과 몽염蒙恬은 20만 군사면 충분하다고 주장한 반면 왕전은 60만 대군이 아니면 어렵다고 말했다. 이에 왕전이 늙어서 겁이 많다고 여긴 진왕 영정은 젊은 장수들에게 초나라를 공략토록 명했다. 하지만 이신과 몽염이 초의 명장 항연項燕에게 완패하자 영정은 하는 수 없이 왕전에게 도움을 청했다. 마음이 상해 고향 빈양頻陽; 섬서성 부평에 내려가 있던 왕전은 노환을 평계로 영정의 부름에 응하지 않았다. 진왕 영정은 출정하지 않으려는 왕전을 직접 찾아가서 간곡하게 도움을 요청했고, 더 이상 거절의 명분이 없어진 왕전은 결국 출정을 약속했다.

드디어 왕전의 출정식 날, 영정이 친위대를 이끌고 나타났는데 뜻밖에도 이 자리에서 왕전은 이번 전쟁에서 승리하고 개선하면 좋은 밭과 집, 평생을 먹고 살 많은 돈을 달라고 진왕에게 요구하는 것이었다. 이에 영정이 "걱정 말고 장군은 큰 공이나 세우시오. 대장군으로서 어찌 재물을 탐낸단 말이오?"라고 면박을 주며 흔쾌히 약속했다. 하지만 왕전은 국경 끝 함곡관函谷關에 이르는 동안 네 번이나 사자使者를 영정에게 보내 더 좋은 저택과 더 많은 돈을 요구했다. 이런 모습을 곁에서 지켜보던 아들 왕분王賁이 정색하며, "아버지, 대왕께 요구하시는 정도가 이미 도를 넘어선 것 같습니다. 대장군으로서 명예를 생각하셔야지 평소 아버지답지 않게 소인배처럼 어찌 그리 재물을 탐내시는 것입니까?"라고 따져 물었다.

그러자 왕전이 다른 사람들을 모두 막사 밖으로 내보낸 후 조용하게 아들에게 말했다. "그것은 네가 아직 세상을 모르기 때문이다. 난 평생을 대왕 영정을 모시고 싸워왔고 누구보다도 그를 잘 안다. 그는 본디 의심이 많아서 다른 사람을 믿지 않는다. 그는 지금 우리 진나라의 60만 모든 군사를 내게 맡겼다. 도성 함양에는 궁궐 수비대 수만 명 정도밖에 남아 있지 않다. 지금이라도 내가 말 머리를 돌린다면 저 나라는 곧 내 차지다. 상황이 이러한데 저 대왕이 아무 생각 없이 편히 잠을 자고 있겠느냐? 지금 궁궐 안에서는 내가 반역을 꾀할 것이라고 나를 질투하는 자들의 상소가 빗발치듯 올라가고 있을 것이다. 헌데 지금 내가 생각이 깊은 표정을 짓거

秦始皇

〈진시황 영정(秦始皇 嬴政)〉

나 고민하는 모습을 보인다면 그는 필시 내가 다른 뜻이 있는 것으로 의심하여 지금 당장이라도 나를 소환할 것이다. 그래서 나는 다른 것에는 전혀 관심이 없고 오로지 돈과 재물에만 욕심이 가득 찬 소인배로 보여 나와 우리 가문을 지키려는 것이다." 그러자 왕분은 깨달음을 얻은 듯 아버지 왕전에게 큰절을 올렸다. 왕전은 평생 진왕 영정을 곁에서 모셔왔기 때문에 의심 많은 영정 밑에서 자신이 살아남는 방법을 이미 알고 있었던 것이다.

춘추전국시대부터 동쪽의 제齊, 서쪽의 진秦과 함께 3대 강국으로 군림해온 남방의 강국 초楚는 이렇게 진왕 영정과 왕전에 의해 역사 속으로 사라지게 된다. 그 후 기원전 221년, 진왕 영정은 마지막 남은 제齊나라를 무너뜨리고 천하를 통일한 후 황제의 자리에 오르게 되니 그가 곧 진시황이다. 왕전이 초楚를 공격했을 때 그에 맞서 싸운 초나라의 대장군이 항우의 할아버지인 항연項燕이었다. 항연은 이 전쟁에서 패한 후 자결했고 그의 집안은 몰락했다. 항우는 이러한 연유로 왕전과 진나라에 대한 깊은 적개심을 가지게 되었고, 결국 훗날 거록대전巨鹿大戰에서 왕전의 아들과 손자 왕리王離를 처참하게 죽여 복수하게 된다.

진시황이 죽은 뒤 유방과 함께 본격적인 천하쟁패를 벌이던 항우가 대업을 이룩할 수 없었던 결정적인 이유가 바로 진나라에 대한 지나친 적개심 때문이었다. 항우는 진격하는 곳마다 진의 군사들을 생매장시켜 버리니 진나라 군사들이 항우에게는 이를 악물고 싸우고, 반대로 유방에게는 순순히 투항하여 시간이 갈수록 유방의 한군漢軍은 세력이 불어나는 반면 항우의 초군楚軍은 지쳐 피폐해졌던 것이다.

노비奴婢와 무당巫堂

조선의 신분 체계는 양반兩班, 중인中人, 상민常民, 그리고 천민賤民의 네 계급으로 구성되어 있었다. 당시에도 나라를 지탱하기 위해서는 백성들이 자발적으로 수행해야 할 의무가 있었으니 그 대표적인 것이 '납세'와 '군역'의 의무였다. 그래서 양반, 중인, 상민은 예외 없이 이 의무를 수행해야 했지만 양반들의 부조리가 적지 않았다.

특히 심신이 고달픈 군역의 의무에서 양반들의 비리가 많았는데, 대표적인 것으로 '대립代立'이라 하여 양반의 자식 대신 노비들이 돈을 받고 군역의 의무를 수행하는 경우가 있었다. 당시 노비들은 사람으로 인정받는 계급이 아니었기 때문에 권리도 없었지만 의무 또한 없었다.

원래 노비奴婢는 노奴와 비婢를 합친 말로서 노奴는 남자를, 비婢는 여자를 뜻한다. 노비는 사람이 아니라 소 반 마리 값인 20∼30냥 정도에 거래되는 재산이었기 때문에 그 수를 헤아리는 단위조차 구口라 하여 글자를 달리 썼다. 우리가 흔히 사용하는 단어 '인구人口'에서 '구口'는 노비를, '인人'은 상민을 헤아리는 단위였다. 양반들은 '원員'이라는 별도의 단위를 사용했다.

양반들은 자신들의 재산인 노비에게 각자 표식을 했었는데 보통 등에 인두로 노奴나 비婢자 낙인을 찍었다. 보다 잔혹한 주인은 이마에 낙인을 새겼으며, 이런 노비가 도망갔다 잡혀오면 아예 뺨에다 낙인을 찍고 삭발시켜 도망가지 못하게 했다.

조선 역사에서 노비가 가장 많았던 시기는 병자호란 직후인 인조 때였는데, 이때는 전체 백성들의 삼분의 일 정도가 노비였다고 한다.

나라에 가뭄이나 난리가 들면 일반 백성들이 먹고 살 길이 막연해져 굶어 죽는 자가 그 수를 헤아리기 어려워진다. 그러면 백성들은 굶어 죽지 않을 최후의 방법을 택하게 되는데 그것이 바로 양반집에 노비로 들어가는 것이다. 그렇게 되면 노비로서 고생은 극심하더라도 최소한 양반의 그늘 아래에서 굶어 죽을 일은 없기 때문이다.

그러나 일반 백성의 수가 줄어들면 나라 운영 면에서는 세금과 군역에서 큰 구멍이 생기게 된다. 그것을 메우기 위해 추가 징수를 실시하니 권력을 가진 양반들은 탐관오리와 결탁해서 모두 비껴가고 힘없는 백성들만 쥐어짜여 또다시 노비로 전락하는 악순환이 반복되었던 것이다.

그리고 천민의 또 다른 집단이 무당巫堂이었는데, 무당은 원래 아주 오랜 옛날에는 권력 집단이었다. 농경이 정착되기 이전인 유목 원시시대에는 부족이 이동하는 날짜와 방향, 그리고 사냥에 나가기 전 거의 모든 것을 하늘의 뜻에 따른다 하여 점을 친 후 행했다. 이때 점을 치고 하늘의 뜻을 전달하는 사람이 바로 무당이었다. 글자에서도 알 수 있듯이 '하늘과 땅의 뜻을 중간에서 이어주는 사람'이라는 뜻에서 '무巫'가 만들어졌다.

한자漢字 중에서 그 지위가 가장 높은 글자를 하나 고르라고 하면 '신령 령靈'자가 아닌가 싶다. 농경시대에 너무나도 중요한 비雨를 내리게 해 달라고 세 개의 입口 앞에서 굿을 하는 사람巫이라는 의미다. 입구口는 사람을 뜻하고 세 개, 즉 석삼三자는 단순히 3을 의미하는 것이 아니라 '천하의 모든 것'을 뜻한다. 다시 말해 3은 태고적부터 우주를 구성하는 세 개의 요소, 이른바 '하늘天과 땅地, 사람人'을 뜻하니 단순히 세 개가 아닌 '하늘 아래 모든 것'을 의미하는 것이다. 즉, '령靈'자는 모든 사람들 앞에서 비가 오게 해 달라고 제사 지내는 무당으로서 기우제祈雨祭를 지내는 최고 권력자를 의미하는 글자였다. 이런 의미에서 유학儒學의 유儒자도 '비가 오게 하고 쇠스랑으로 밭을 가는 사람'을 뜻하는 천하대본天下大本의 인간을 의미하는 글자였다. 이런 무당이 조선시대에 들어와서는 천민으로 취급당하며 살아가게 된 것이다.

고려시대까지 우대받았던 무당과 스님들이 조선시대에 들어서는 고려의 잔재인 팔관회나 연등회 같은 법회나 제祭가 금지됨에 따라 먹고 살 길이 막막해졌다. 여기에 그치지 않고 나라에서는 숭유억불崇儒抑佛 정책의 연장선에서 무당을 노비, 승려, 백정과 더불어 천민으로 규정해서 별도로 모여 살도록 주거지역을 제한했다. 그래서 무당들은 먹고 살기위해 자연히 굿을 하거나 점을 치는 것 이외에 죽은 사람 '염殮'까지 하며 생계를 유지해야만 했다. 그때 한양에서 무당들이 모여 살았던 집성촌이 청계천 물과 함께 시체가 나가는 문인 시구문屍口門 주변의 '신당神堂골'이었다. 떡볶이로 유명한 신당동新堂洞이 원래는 神堂골이었는데 갑오개혁甲午改革, 1894 때 발음이 똑같은 新堂으로 바뀌었다고도 전해진다.

제 18 장

이루었으면 떠나라

구천(勾踐)은 포로의 신분으로 피눈물을 머금고 월(越)나라로 돌아왔다. 왕비마저 부차(夫差)에게 첩으로 주었으니 씻을 수 없는 상처와 아픔이었다. 절치부심(切齒腐心), 구천은 복수를 결심했다. 그는 원한을 잊지 않기 위해 침소에 쓸개를 매달아 놓고 앉았다 일어설 때마다 혀로 핥으며 17년간을 스스로에게 다짐했다. 바야흐로 이제 상담(嘗膽)의 세월이 시작된 것인데, 와신(臥薪)은 부차가 했던 것이고 상담(嘗膽)은 구천이 한 것으로 이 둘을 합쳐서 와신상담(臥薪嘗膽)이라 한다.

18

이루었으면 떠나라
- 와신상담臥薪嘗膽과 범려范蠡

진秦나라 소왕昭王을 모셨던 명재상 채택蔡澤은 '물로 거울을 삼는 자는 자신의 얼굴을 알고, 사람으로 거울을 삼는 자는 자신의 길흉을 안다'고 하며 '성공한 곳에서는 오래 머물러 있지 말라'고 했다. 이처럼 물러날 때를 알고 스스로 내려오면 하산下山이라 하고, 때를 놓쳐 남의 손에 끌려 내려오면 추락墜落이라 한다. 동서고금을 막론하고 이 평범한 진리가 모두 자신만은 비켜갈 것이라 착각했던 수많은 사람들이 토사구팽을 당했고 이는 지금도 되풀이되고 있다. 그래서 역사적으로 살펴보면 소하蕭何, 장량張良, 병길丙吉에서 범려에 이르기까지 후세에 이름을 남긴 2인자들은 주군으로 하여금 대망을 이루게 하고 스스로 물러나는 명철보신明哲保身의 지혜를 발휘해서 천수를 누릴 수 있었다.

춘추시대春秋時代 말기에 중국 대륙 남쪽에서 회계산을 사이에 두고 패권을 다툰 앙숙 두 나라가 있었으니 오吳와 월越이 바로 그 주인공이다. 이 두 앙숙으로부터 오월동주吳越同舟, 동병상련同病相憐, 기사회생起死回生, 그리

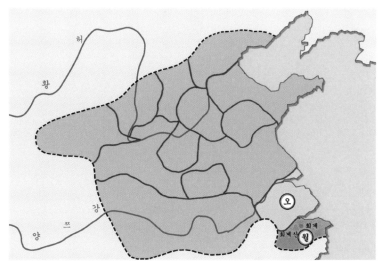

〈춘추시대 오(吳)나라와 월(越)나라〉

고 와신상담臥薪嘗膽이라는 고사성어들까지 생겨났으니 그 살벌한 분위기를 지금도 짐작하기 어렵지 않다. 이 두 나라의 긴 싸움에는 오자서伍子胥와 범려范蠡라는 뛰어난 두 사람의 책사策士가 함께했다.

　오자서는 오나라의 책사이고 범려는 월나라의 책사이다. 책사의 역할과 운명에 대한 교과서라고 할 수 있는 두 사람의 상반되는 이야기는 지금도 전설과 같이 내려오고 있다. 원래 오자서는 초楚나라 태생이었으나 오나라로 망명한 사람이다. 초나라 27대 평왕은 무능하고 욕심이 많아 서서히 국운이 기울어 가는 형국이었는데, 그는 특히 여자에 대한 욕심이 끝이 없어 자신의 아들의 부인, 즉 태자비를 진나라에서 맞아들이려다가 그 미색에 반해 도중에 자신이 가로채 버렸다. 이 사건으로 아들 태자와 거리가 생겼고 또한 직언하는 신하 오사伍奢와도 갈등을 빚게 되었

伍子胥

〈오자서(伍子胥)〉

다. 그러던 중 오사의 정적인 비무기費無忌의 모함에 의해 오사는 죽임을 당하고 그의 아들 오자서는 천신만고 끝에 오나라로 탈출했다.

당시 오나라는 비록 영토는 작았지만 그 뜻은 원대해서 강국인 초나라를 만만치 않게 괴롭히고 있었다. 오자서는 중용되기만 하면 어렵지 않게 능력을 발휘할 자신이 있었지만 쉽사리 기회가 오지 않았다. 그러던 중 어렵사리 오나라의 왕자 광光을 알게 되었다. 왕자 광은 오나라 왕통의 적자였으나 광의 아버지 제번諸樊은 막내아들 계찰季札에게 양위하고 싶어했다. 형제간에 피바람이 불었고 우여곡절 끝에 결국 광이 보위에 오르게 되는데 여기에 결정적인 역할을 한 사람이 오자서였다. 광은 왕이 된 후 오자서를 행인行人 ; 외무대신으로 삼고 나라의 기틀을 새롭게 세우기 위해 많은 노력을 기울였는데 우리가 알고 있는 오왕吳王 합려闔閭가 바로 이 사람이다.

이때 초나라에서 백비伯嚭가 귀순해 왔다. 백비 역시 오자서의 원수인 비무기의 모함으로 부친을 잃고 오나라로 도망친 상황이었다. 오자서는 그를 합려에게 소개하고 벼슬을 주게 했다. 그런데 대부 피리被離가 백비의 관상을 보더니 훗날 배신을 저지를 나쁜 상이라며 오자서에게 백비를 내치라고 조언했다. 하지만 오자서는 같은 아픔을 겪은 사람이 도와주지 않으면 누가 도와주겠냐며 이 말을 흘려 버린다. 여기서 유명한 '동병상련同病相憐'의 고사성어가 탄생했다. 하지만 자기가 도와준 백비 때문에 훗날 오자서 자신이 죽게 될 줄은 스스로도 까맣게 모르고 있었다.

이때 제나라에서 《손자병법孫子兵法》의 주인공인 손무孫武도 오나라로 망명해 왔다. 책사 오자서에다 손무까지 가세하니 오나라의 위세는 강해져 중원으로 진출할 야망을 키울 수 있었다. 하지만 오왕 합려가 중원의 패권을 차지하려면 반드시 꺾어야 할 상대가 있었으니 그것이 바로 남쪽에 국경을 맞대고 있는 월越나라였다.

기원전 496년, 월왕越王 윤상允常이 노환으로 죽고 그 아들이 뒤를 이으니 그가 바로 구천勾踐이다. 평소 구천의 야심과 패기가 만만치 않았기 때문에 합려는 국상國喪 중인 월나라를 공격했다. 원래 국상을 겪는 나라에는 3년간 전쟁을 일으키지 않는 것이 불문율이었는데 합려가 이를 무시하고 기습공격을 해 버린 것이었다.

하지만 오히려 이 전투에서 합려는 독화살을 맞고 죽게 된다. 사마천의 ≪사기史記≫에는 손가락에 독화살을 맞아 죽었다고 되어 있지만, 역사는 엄지 발가락이 찢어졌다는 ≪춘추좌전春秋左傳≫의 기록을 더 신빙성 있게 보고 있다. 합려는 아들 부차夫差에게 구천을 죽이고 반드시 원수를 갚으라는 유언을 남기고 죽는다. 부차는 3년 내에 아버지의 원수를 갚겠다고 다짐하며 칼을 갈았다. 군비를 확충하고 강도 높은 군사훈련을 실시하며 복수의 일념으로 스스로를 채찍질했다. 또한 그는 자신의 맹세를 잊지 않기 위해 장작과 짚단薪 위에 누워 잠을 자며 복수를 다짐했는데 여기서 '와신臥薪'이란 말이 생겨났다. 이렇게 부차가 전쟁 준비를 하고 있을 때 이 소문을 듣고 불안해하던 월왕 구천이 오나라를 먼저 공격하며 전쟁을 일으켜 버렸다. 구천의 책사인 범려가 무리한 공격이라 말렸지만 이를 뿌리치고 먼저 공격해 버린 것이다.

결국 구천은 범려의 우려대로 참패했고 회계산으로 도망갔다. 이에 부차가 회계산을 포위하니 구천은 피할 곳이 없었고 결국 절망감에 자결하려 했다. 그러자 범려가 구천을 말리며 치욕스럽더라도 우선 항복해서 뒷

范蠡

《범려(范蠡)》

날을 도모해야 한다고 설득했고, 결국 구천은 부차의 신하가 되고 자신의 왕비까지 첩으로 주는 조건으로 항복했다.

이 과정에서 오자서는 구천을 죽여 후환을 없애야 한다고 주장했으나 평소 은인 오자서를 질투하던 백비가 범려의 뇌물을 받고 부차에게 구천을 살려줄 것을 간언했고, 결국 부차는 백비의 의견대로 구천을 풀어주고 화의를 맺었다. 구천 입장에서는 그야말로 죽었다 살아난 셈이었는데, 여기에서 '기사회생起死回生'이란 고사성어가 생겨났다.

이후 구천은 포로의 신분으로 피눈물을 머금고 월나라로 돌아왔다. 왕비마저 부차에게 첩으로 주었으니 씻을 수 없는 상처와 아픔이었다. 절치부심切齒腐心, 구천은 복수를 결심했다. 그는 원한을 잊지 않기 위해 침소에 쓸개를 매달아 놓고 앉았다 일어설 때마다 혀로 핥으며 17년간을 스스로에게 다짐했다. 바야흐로 이제 '상담嘗膽'의 세월이 시작된 것인데, 와신은 부차가 했던 것이고 상담은 구천이 한 것으로 이 둘을 합쳐서 '와신상담臥薪嘗膽'이라 한다. 상담의 세월동안 구천은 흰 옷만 입은 채 몸을 낮추고 스스로 밭을 갈며 훗날을 도모했다. 그리고 책사 범려는 자청해서 오나라로 끌려가 볼모가 되어 오나라 실정을 파악하고 정보를 수집했다. 오자서가 이런 구천과 범려를 제거해야 한다고 수없이 건의했으나 끝내 부차는 그의 충언에 귀를 기울이지 않았다.

구천과 범려는 오나라의 부차를 쓰러뜨리기 위해 여러 가지 계책을 꾸몄는데, 그 중에서 가장 대표적인 것이 미녀를 선발해서 부차에게 바치는 것이었다. 여기에 대표로 뽑힌 미녀가 서시西施와 정단鄭旦이었다. 특히 저라산苧蘿山 나뭇꾼의 딸로 태어난 서시는 타고난 아름다움으로 보는 사람의 눈을 멀게 할 정도였다고 하는데, 그녀의 눈웃음 한 번에 도성이 기울고, 눈웃음 두 번에 나라가 기운다는 그야말로 경국지색傾國之色의 대표적인 미녀였다.

서시는 양귀비楊貴妃, 초선貂蟬, 왕소군王昭君과 더불어 중국 역사의 4대 미인으로 꼽힌다. 저라산의 개울가에 빨래를 하러 오면 서시의 미모에 물고기도 넋을 잃고 바닥으로 가라앉고, 하늘을 나는 기러기도 정신을 잃고 땅으로 떨어졌다는 '침어낙안沈魚落雁'의 주인공으로도 유명하다. 이런 서시를 본 순간 부차는 정신을 잃고 말았다. 서시를 돌려보내라는 오자서의 충언도 부차의 귀에는 이미 들리지 않았다. 서시의 긴 머리카락을 빗겨 주며 그녀에게 선물을 주는 것이 유일한 일이었고 최대의 낙이었다.

결국 오나라는 내리막길로 굴러갔고 직언을 계속하던 오자서는 자신이 구해 준 백비의 모함으로 부차에게 자결을 명받았다. 오자서는 죽기직전 가족들에게 "내가 죽거든 두 눈을 파내서 도성 문 위에 걸어 두어라. 조만간 월나라가 쳐들어와 부차를 죽이는 것을 이 두 눈으로 반드시보겠다"는 유언을 남기고 자결했다. 이렇게 오자서가 죽고 얼마 되지 않아 구천은 오나라로 쳐들어왔다. 서시에 빠져 나라를 망친 부차는 이미막을 힘이 없었고, 구천에게 쫓기던 그는 고소산姑蘇山에서 포위되고 말았다. 이번에는 부차가 구천에게 항복을 청했다.

17년 전 회계산에서 구천이 겪었던 치욕을 이번에는 부차가 되풀이하게 된 것이었다. 구천은 부차의 항복에 잠시 마음이 흔들렸으나 범려의간언에 따라 부차를 몰아부쳤다. 결국 부차는 죽어서도 오자서를 볼 낯이 없다며 자기가 죽거든 얼굴을 흰천으로 가리라는 유언을 남기고 목을

西施

〈서시(西施)〉

찔러 자결했다. 결국 월왕 구천이 오나라를 무너뜨림으로서 와신상담臥薪嘗膽 복수전은 대단원의 막을 내렸다. 그런데 갑자기 범려가 먼 나라로 떠나겠다고 구천에게 사직서를 올렸다. 깜짝 놀란 구천은 범려를 말렸으나 그는 뜻을 굽히지 않았다. 끝내 사직 요구가 받아들여지지 않자 범려는 가족들과 야반도주夜半逃走를 해버렸다.

도성을 떠나던 날 밤, 범려는 자기의 오랜 친구이자 대부大夫인 문종을 찾아가 자신의 뜻을 전했다. "하늘을 나는 새가 다 잡히면 활은 쓸모가 없어지고, 숲속의 토끼가 다 잡히면 사냥개는 삶아 먹히게 되는 것이 이치네. 이미 뜻을 이룬 왕 옆에 있으면 끝내 화를 면치 못하는 법이네. 우리가 모셨던 구천은 목이 길고 입은 새처럼 앞으로 튀어나와 있네. 이런 상은 어려움은 함께 할 수 있어도 즐거움은 같이 누릴 수 없는 얼굴이네. 그대도 나와 같이 월나라를 떠나는 것이 좋지 않겠는가?" 말 그대로 토사구팽兎死狗烹을 예감하고 있었던 것이다. 범려는 그날 밤 조용히 배를 타고 강을 건너 제齊나라에 정착해서 장사로 큰 돈을 벌었다. 하지만 문종은 범려가 떠난 후 얼마 되지 않아 역모에 가담했다는 누명을 쓰고 구천에게 죽임을 당하고 말았다.

오자서와 범려는 뛰어난 책사이자 2인자였지만 서로의 운명은 엇갈렸다. 오자서는 합려와 그의 아들 부차를 왕으로 만들어 준 공신이었으나 충언을 듣지 않는 주군의 우매함으로 비통한 최후를 맞이해야 했다. 그리고 범려는 씻을 수 없는 치욕을 당한 주군과 와신상담한 끝에 영화榮華와 명예를 회복한 후 스스로 물러났다. 오자서도 뛰어난 책사였지만 역사가 범려를 더 크게 기억하는 이유가 바로 여기에 있다.

방향과 신분

혜원惠園 신윤복申潤福의 대표작인 〈미인도美人圖〉는 간송미술관에 소장되어 있다. 간송미술관은 일제강점기에 간송澗松 전형필全鎣弼 선생이 일본으로 수탈되어 가던 그림과 문화재를 사들이고 사재를 털어 만든 미술관이다. 1938년에 개관한 우리나라 최초의 사립미술관으로 여느 미술관보다 소중한 문화재들이 많이 소장되어 있는 곳인데, ≪훈민정음 해례본≫1446과 ≪동국정운≫1448, 겸재의 〈금강내산〉1747 등 국보급만 10여 점이 넘는다.

〈미인도〉의 주인공은 '기녀妓女'로서 신윤복의 정인情人으로 알려져 있다. 이 여인이 기녀임을 알 수 있게 하는 몇 가지 단서가 있는데 그 중 대표적인 것이 가체加髢를 사용해 탐스럽게 얹은 머리와 가슴이 드러날 만큼 짧은 저고리, 그리고 손목에 붙을 만큼 폭이 좁은 소매와 속에 무지기 속치마를 받쳐입어 풍만하게 부풀어 올린 치마, 붉게 드리운 허리끈과 풀어헤친 옷고름 등이다. 하지만 이 여인이 기녀임을 알 수 있는 결정적인 단서는 바로 치마를 여민 방향이다.

조선시대 여인네들의 치마는 한쪽이 트여 있어 끝을 겹쳐 여미서 왼쪽이든 오른쪽이든 치맛자락이 밖으로 드러나게 된다. 〈미인도〉 속의 여인의 치마는 정면인 치마 왼쪽에 치맛자락이 보이지 않는다. 이는 곧 반대편인 오른쪽 치맛자락이 겉으로 나와 있다는 뜻이다. 조선시대에 이처럼 치마 끝자락을 오른쪽으로 여며 입는 여인들은 기생이나 일반 서민 그리고 노비들이었으며 반가집 여인들은 치맛자락이 왼쪽으로 나오도록 여며 입었다.

옛날에는 방향에도 신분 구별이 있었는데 오른쪽보다 왼쪽을 높게 생각했다. 우주

만물은 양陽과 음陰, 남자男와 여
자女, 하늘天과 땅地, 불火과 물水,
그리고 낮晝과 밤夜 등 두 개의 양
극점으로 이루어져 있다. 어느 하
나만으로는 존재할 수 없는 상호
보완의 사상을 기본으로 형성된
것이 음양사상陰陽思想인데 우리
의 태극太極 또한 여기서 유래했
음은 대부분 아는 사실이다.

지금은 태극의 윗부분이 빨강, 아
랫 부분이 파랑인 상하배치지만,
1882년 이응준과 박영효가 만들
고 조미수호통상조약朝美修好通商
條約에서 최초로 사용된 태극기는
왼쪽이 빨강, 오른쪽이 파랑이었
다. 일제에 항거한 독립군들이 썼
던 태극기도 좌우 배치였으며 안
중근 의사의 가묘 비석에도 태극
은 좌우 배치로 그려져 있다.

주역周易에서는 왼쪽을 뜨거운 기
운을 가진 세상으로 보기 때문에
왼쪽은 불火, 양陽, 남자男, 하늘天
을 뜻한다. 불은 땅에서 하늘로 승
천昇天하는 성질이므로 火, 陽, 男
은 하늘과 그 방향을 같이한다는

《미인도(美人圖)》보물 제1973호
신윤복(申潤福) 作, 제작연도 미상
간송미술관 소장 및 이미지 제공

것이다. 반면 차가운 성질을 가진 오른쪽은 물水, 음陰, 여자女, 땅地을 상징한다. 비
는 하늘에서 땅으로 하강下降하는 것이니 水, 陰, 女는 땅과 그 방향을 같이 한다고

〈창덕궁 인정전(仁政殿)〉
서울특별시 종로구 율곡로 소재

보는 것이다. 숫자도 마찬가지다. 1, 3, 5, 7, 9의 홀수는 뜨거운 불의 기운을 가진 숫자고, 2, 4, 6, 8의 짝수는 차가운 물의 성질을 가졌다고 생각했다. 그래서 하늘을 향하는 탑이나 건물을 지을 때는 층수를 홀수에 맞췄고, 땅과 맞닿은 건물 기둥의 각은 짝수에 맞췄다. 풍수지리에서도 왼쪽은 청룡靑龍으로 남자와 관운官運을 상징하는 반면 오른쪽은 백호白虎로 여자와 재물을 뜻한다.

그래서 남자는 길례吉禮 시 절을 할 때 왼손이 위로 포개지고, 여자는 오른손이 위로 포개지는 것이다. 또한 종묘에는 정전正殿과 영녕전永寧殿에서 정문까지 길이 나있는데 가운데 길이 좌우보다 조금 높게 조성되어 있다. 가운데 길은 신神만이 다니는 길이자 제례 때 향로를 들고 다니는 신향로神香路이고 그 왼쪽, 즉 동쪽 길이 임금이 다니는 어로御路이며 오른쪽, 서쪽 길이 세자가 다니는 세자로世子路이다.

경복궁의 근정전勤政殿, 창덕궁의 인정전仁政殿에서 공식 행사를 거행할 때도 항상 남면南面하는 왕을 기준으로 어도御道를 사이에 두고 왼쪽인 동쪽에는 문관文官들이, 오른쪽인 서쪽에는 무관武官들이 북쪽을 향해 도열한다. 그래서 문관을 동반東

班, 무관을 서반西班이라하며 이를 합쳐 양반兩班이라 하는 것이다. 월대와 이어진 계단을 오를 때도 신하들은 임금 전용 계단인 가운데 계단을 이용할 수 없다. 문신들은 임금 기준 왼쪽동쪽 계단을, 무신들은 오른쪽서쪽 계단을 이용해서 문으로 들어간다. 이때 왼쪽 계단동쪽을 이용하는 문신들은 첫 계단을 오른발로 디뎌야 하는 반면 오른쪽서쪽 계단을 이용하는 무신들은 반드시 왼발로 첫 계단을 디뎌야 한다. 그래야만 자연적으로 고개가 가운데를 향하게 되어 임금을 주목하게 되고 서로 얼굴을 마주 볼 수 있는 무언의 소통이 이루어지기 때문이다.

역사 인물 사전

● 관중 (管仲, ? ~ 기원전 645)

춘추시대 제齊나라 재상. 본명은 이오夷吾, 자字는 중仲. 영상潁上, 안휘성 출생. 포숙아鮑叔牙와
의 관포지교管鮑之交로 유명하다. 제齊 환공桓公을 보필하여 춘추시대 초대 패자覇者로 만들었
으며, 국가를 유지하는 정신적 지주로서 사유四維 [예禮, 의義, 염廉, 치恥]를 강조했다. 농업의
장려, 소금과 철의 생산 관리, 재정의 균형 유지, 물자의 유통 및 조정, 세제와 병역의 정비 및
인재 등용을 비롯한 정치, 경제, 사회의 모든 분야에서 고대 중국 치국의 토대를 마련했다.

● 구천 (勾踐, ? ~ 기원전 465)

춘추시대春秋時代 말 월越나라의 왕으로, 아버지 윤상의 뒤를 이어 즉위한 후 오왕 합려와 싸워
그를 죽였으나 기원전 494년 부차에게 회계산에서 패했다. 그 후 기사회생으로 목숨을 건진
후 17년의 세월 동안 쓸개를 핥는 상담嘗膽 끝에 부차를 꺾고 오나라를 멸망시켰다.

● 당태종 이세민 (唐太宗 李世民, 599 ~ 649)

한고조 유방과 조조의 장점을 동시에 갖춘 인물로, 중국인들이 가장 큰 자부심을 느끼는 '당唐
의 황금시대'를 열었던 황제. 수隋나라를 멸하고 당唐을 건국하면서 아버지 이연李淵을 초대 황
제로 모셨다. 형과 동생을 죽이고 두 번째 황제로 등극하는 골육상쟁의 비극은 있었지만 황제
로서의 통치 능력은 역사에 길이 남는다. 정적政敵인 형 이건성李建成의 신하였던 위징魏徵을
재상으로 모셨던 호걸로서 조선의 태종 이방원이 가장 존경했던 인물이다. 하지만 고구려를
침략해 스스로 수명을 단축했던 것과 더불어 처남인 장손무기長孫無忌로 인해 자질이 부족한
아홉째 아들 이치李治, 고종가 후계자로 선정되는 돌이킬 수 없는 일생의 두 가지 큰 오점을 남
겼다. 결국 세 번째 황제 고종 이치로 인해 훗날 측천무후則天武后가 피바람을 일으키는 상황이
초래되었으며, 이후 나·당 연합군이 결성되어 백제와 고구려가 무너지게 되었다.

● 도요토미 히데요시 (豊臣秀吉, 1536 ~ 1598)

오와리국尾張国 하급 무사인 기노시타 야우에몬木下彌右衛門의 아들로 태어났다. 젊은 시절 이
름은 기노시타 토키치로木下藤吉郎였으며, 나중에 칸파쿠關白, 일본의 천황을 보좌하여 정무를 담당하

는 최고위 대신가 되어 도요토미豊臣라는 성姓을 쓰게 되었다. 오다 노부나가織田信長의 가신家臣
으로 있다가 노부나가가 아케치 미쓰히데明智光秀에게 살해당하자 노부나가의 복수를 수행함
과 동시에 전국시대 통일을 이룩했다. 이후 정명가도征明假道, 1592년 임진왜란 당시 일본군이 명을 침
략하고자 하니 조선은 일본에게 명으로 가는 길을 빌려달라는 의미라는 명분 아래 고니시 유키나가小西行長
와 카토 키요마사加藤清正를 앞세우고 조선을 침략했다. 도요토미는 글을 읽을 줄 몰라 부하들
이 올리는 문서를 최측근 사이쇼 조타이西笑承兌가 항상 대신 읽어줬다고 한다.

● **도쿠가와 이에야스 (德川家康, 1543 ~ 1616)**
일본의 마지막 막부인 도쿠가와 막부德川幕府, 1603~1867의 창시자로서 본명은 도쿠가와 다케
치요德川竹千代. 미카와三河의 오카자키岡崎 성주 마쓰다이라 히로타다松平広忠의 아들로 태어
났다. 14년에 걸친 인질 생활을 통해 강인, 검소, 용기, 극기, 신의를 두루 갖춰 대망을 이룩한
사람으로, 일본인들이 매우 높게 평가하는 역사적 인물이다.

● **범려 (范蠡, ? ~ ?)**
자字는 소백少伯, 원래 초楚나라 사람이지만 월越나라로 망명했다. 월왕越王 구천句踐이 회계산
에서 오왕吳王 부차夫差에게 패했을 때 항복을 권해 구천을 살렸고, 이후 대부 문종과 함께 오
나라를 무너뜨리는 데 가장 크게 기여한 인물이다. 하지만 월왕 구천이 뜻을 이루자 월나라를
버리고 제齊나라와 도陶나라로 가서 장사를 해 큰 부자가 되었다.

● **부차 (夫差, ? ~ 기원전 473)**
춘추시대春秋時代 오吳나라 25대 왕. 아버지 합려가 월왕 구천에게 패하고 죽자 와신臥薪하며
그 유언을 받들어 회계산에서 구천에게 복수하였다. 책사 오자서가 구천을 죽여야 한다고 간
언했으나 받아들이지 않았다가 구천의 공격을 받고 자결했다.

● **사도세자 (思悼世子, 1735 ~ 1762)**
영조와 영빈 이씨暎嬪 李氏와의 사이에서 태어났으며 이름은 이선李愃, 자字는 윤관允寬, 호號는
의재毅齋다. 아홉 살 때 부왕 영조가 부르자 입안에 있던 음식을 뱉어내고 대답할 정도로 효孝
와 예禮가 깊었다. 무수리였던 할머니 숙빈 최씨를 닮아 기골이 장대한 무골이었고 병법에도
능했다. 하지만 점차 학문을 멀리하면서 영조와 사이가 멀어졌고, 특히 집권세력인 노론과의

갈등으로 결국 뒤주에 갇혀 비운의 생을 마감했다. 죽은 뒤 노론에 의해 흉지에 묻혔으나 아들 정조에 의해 명당 화산의 현륭원으로 천장遷葬되었고, 이후 융릉隆陵으로 승격되었다.

● 서시 (西施, ? ~ ?)

춘추시대春秋時代 월越나라의 절세가인絶世佳人. 저라산苧羅山 나무꾼의 딸로 태어났으나 그 미모가 워낙 빼어나 서시가 냇물에 자기 얼굴을 들여다보면 헤엄치던 물고기도 넋을 잃고 가라앉고, 날아가던 기러기도 떨어진다 하여 침어낙안沈魚落雁이라는 고사성어가 생겼다. 범려가 서시를 부차에게 데려가 미색에 빠지게 하여 오吳나라를 멸망시켰다. 부차가 죽은 후 서시는 범려와 함께 오호五湖로 도피했다는 설도 있고, 강에 몸을 던져 자결했다는 설도 있다.

● 세종대왕 (世宗大王, 1397 ~ 1450)

해동요순海東堯舜, 조선 제4대 임금으로 재위는 1418 ~ 1450. 휘諱는 도祹이며 자字는 원정元正, 시호諡號는 장헌莊憲이다. 태종과 원경왕후 민씨元敬王后 閔氏와의 사이에서 셋째 아들로 태어났다. 비妃는 청천부원군靑川府院君 심온의 딸 소헌왕후 심씨昭憲王后 沈氏다. 1418년 음력 5월 2일에 왕세자에 책봉되었으며 같은 해 8월에 22세의 나이로 태종의 양위를 받아 즉위했다. 정치, 경제, 군사, 문화, 예술, 출판 등에 있어 조선의 표준을 세운 임금이며 능호는 영릉英陵이다.

● 소하 (蕭何, ? ~ 기원전 193)

패군沛郡 풍현豊縣 출신으로 한漢나라 개국의 일등공신이다. 진秦나라 하급관리로 일하다 유방을 만나 진나라 토벌을 위한 군사를 일으키고 모신謀臣으로 활약했다. 한나라 건국 후 고조유방에 의해 최고의 공신으로 봉해졌으며, 후일 한신의 반란을 평정하고 상국相國에 제수되었다.

● 안평대군 (安平大君, 1418 ~ 1453)

이름은 용瑢, 자字는 청지淸之, 호號는 매죽헌梅竹軒이다. 세종과 소헌왕후 심씨 사이에서 셋째 아들로 태어났다. 황보인皇甫仁, 김종서金宗瑞 등과 친하게 지냈으며 한 살 위인 수양대군과는 대립관계에 있었다. 평소 그림과 문학에 식견이 깊어 개인적으로 소장했던 시화나 문집이 상당했다. 하지만 수양대군이 계유정난을 일으킨 해인 1453년 귀양가서 사사당했다.

● 영조 (英祖, 1694 ∼ 1776)

조선의 21대 왕으로 휘諱는 금昑이며 자字는 광숙光叔, 호는 양성헌養性軒이다. 숙종肅宗과 숙빈
최씨淑嬪 崔氏 사이에서 태어난 아들로서 경종景宗의 이복동생이다. 무수리의 소생이라는 태생
의 한계에도 탕평책 실시, 청계천 준설, 균역법 실시 등 많은 공적을 남겼지만 아들 사도세자
를 뒤주에 가둬 죽인 가슴 아픈 사연도 동시에 가진 임금이다.

● 오다 노부나가 (織田信長, 1534 ∼ 1582)

오와리국尾張國 아이치현愛知縣에서 오다 노부히데織田信秀의 아들로 태어났다. 1560년 오케하
자마桶狹間 전투에서 이마가와 요시모토今川義元를 정벌하고 다케다 신겐武田信玄을 물리친 후
막부를 재건해 실권을 장악했다. 1582년 다카마쓰高松 성을 공략 중인 도요토미 히데요시를
구원하기 위해 출전하던 중 교토 혼노지本能寺에서 부하인 아케치 미쓰히데明智光秀에게 습격
당해 죽었다. 오다 노부나가는 구체제 타파와 혁신 정책으로 장기간에 걸친 전국시대에 한 획
을 그은 인물로 평가받는다.

● 오자서 (伍子胥, ? ∼ 기원전 484)

춘추시대 초楚나라 태생으로 이름은 원員이고 자서子胥는 자字다. 그의 아버지 오사伍奢와 형
오상伍尙이 평왕平王에게 억울하게 죽은 후 오吳나라로 도망갔다. 이후 합려와 부차를 도와 오
나라를 강국으로 만들었으나 백비의 흉계와 서시의 미인계에 빠진 오왕 부차의 어리석음으로
억울하게 죽었다.

● 유방 (劉邦, 기원전 247 추정 ∼ 기원전 195)

중국 한漢나라의 초대 황제로 재위는 기원전 202 ∼ 기원전 195. 자字는 계季이고 묘호는 고조
高祖다. 패沛, 강소성의 농가에서 출생하여 젊어서는 부랑자들과 어울려 다니다가 장년에 이르
러 마음을 잡고 하급관리가 되었다. 진秦 말기에 진승·오광이 난을 일으키자 진나라 타도의
기치를 내걸고 군사를 일으켜 패공沛公이라 칭했다. 기원전 208년 홍문鴻門에서 항우에게 죽
을 뻔하다 도망쳤고, 기원전 206년 진나라가 망하자 서초패왕이 된 항우로부터 한왕漢王에 봉
해졌다. 그 후 5년 간에 걸쳐 항우와 쟁패를 계속하다 해하垓下의 결전에서 항우를 대파하고
천하통일의 대업을 이룩했다. 기원전 202년 황제에 오르고 한漢제국을 건설하면서 수도를 장
안長安으로 정했다. 장안은 서주西周, 진秦, 전한前漢, 수隋, 당唐 등 13개 왕조의 수도로, 중국 역

사상 가장 오랫동안 도읍으로 정해졌을 만큼 역사적으로 큰 의미를 갖는 곳이다.

● 유비 (劉備, 161 ~ 223)

자字는 현덕玄德, 전한前漢 경제景帝의 황자皇子 중산정왕中山靖王의 후손이었으나 일찍 아버지를 여의고 짚신과 돗자리를 팔아 생계를 유지했다. 관우, 장비와 도원결의를 맺었고, 형주목荊州牧 유표劉表에게로 가서 객장客將이 되었다. 적벽대전 후 세력을 넓혔으며, 촉蜀에 들어가 유장을 항복시키고 그곳을 수중에 넣은 후 221년 제위에 올라 한漢의 정통을 계승한다는 명분으로 국호를 촉한蜀漢이라 하였다. 이듬해 형주 탈환과 관우의 복수를 위해 오吳나라를 공격했으나, 이릉夷陵 전투에서 육손의 화공에 대패하여 백제성白帝城에서 제갈량에게 후사를 의탁하고 죽었다.

● 이순신 (李舜臣, 1545 ~ 1598)

본관은 덕수德水, 자字는 여해汝諧, 시호諡號는 충무忠武다. 아버지 이정李貞과 어머니 변씨卞氏 부인 사이에서 셋째 아들로 1545년 음력 3월 8일 서울 건천동마르내에서 출생했다. 서른두 살인 1576년 식년무과에 급제하고 관직에 진출하여 1591년 음력 2월 13일 전라좌도수군절도사로 부임했다. 임진왜란을 맞이해 남해안 일대의 왜군을 섬멸하고 최초로 삼도수군통제사가 되었다. 이후 1596년 모함을 받아 죽음에 처하기 직전, 정탁鄭琢의 변호로 목숨을 건지고 도원수都元帥 권율權慄 휘하로 들어가 백의종군白衣從軍 했다. 이듬해 정유재란丁酉再亂, 1597이 발발하고 삼도수군통제사 원균元均이 칠천량해전漆川梁海戰에서 전멸하자 다시 통제사로 등용되었다. 그해 음력 9월 16일 13척의 전선으로 330여 척의 적선을 물리친 명량대첩으로 다시 제해권을 장악했으며, 1598년 음력 11월 19일 퇴각하는 적선 500여 척을 노량 앞바다에서 섬멸하던 도중 흉탄에 맞아 운명을 달리했다. 묘는 충청남도 아산에 있으며, 통영의 충렬사, 아산의 현충사 등에 배향되었다.

● 장량 (張良, ? ~ 기원전 186)

자字는 자방子房, 시호諡號는 문성공文成公으로 책사의 대명사 같은 인물이다. 한韓나라 명문 출신으로 기원전 218년 박랑사博浪沙에서 진시황을 암살하려다 실패했다. 진승·오광의 난이 일어났을 때 유방의 진영에 합류했으며, 후일 '홍문鴻門의 회會'에서는 유방의 목숨을 구해주기도 했다. 소하蕭何와 함께 한제국 창업의 일등 공신이며 유후留侯에 책봉되었다. 훗날 한고조의 의심을 받아 관직을 버리고 도피하여 산 속에 숨어 지냈는데, 이후 이곳이 장가계張家界

라고 불리게 되었다.

● 정조 (正祖, 1752 ~ 1800)

조선의 22대 왕으로, 휘諱는 산祘이며, 자字는 형운亨運, 호號는 홍재弘齋다. 영조의 둘째 아들
인 사도세자思悼世子와 혜경궁 홍씨惠慶宮 洪氏 사이에서 태어났으며, 비妃는 효의왕후 김씨孝懿
王后 金氏다. 조선의 최고 개혁 군주답게 집권세력인 노론과의 갈등 속에서도 궁차징세법宮差徵
稅法 폐지와 노비추쇄법奴婢推刷法 폐지, 통공정책通共政策의 실시, 수원화성 축조, 장용영壯勇
營과 규장각奎章閣 설치 등 많은 개혁과 통합을 추진했다.

● 제갈량 (諸葛亮, 181 ~ 234)

중국 삼국시대 촉蜀의 승상. 자字는 공명孔明이다. 열한 살 때 아버지 제갈규諸葛珪와 사별하고
백부 제갈현諸葛玄을 따라 형주荊州에 살면서 밭을 갈고 독서로 소일하며 생활했는데 명성이
높아 와룡선생臥龍先生이라 일컬어졌다. 항상 자신을 춘추시대 명재상인 관중管仲과 전국시대
의 명장인 악의樂毅에 비유했다. 한漢나라 황실 부흥과 북방의 위협을 제거하기 위해 227년 북
벌을 감행함에 있어 유선에게 '출사표出師表'를 올리고 7년간 전쟁터에서 위魏와 싸웠다. 234년
오장원五丈原 부근에서 사마의司馬懿와 대치하던 중 병사했다.

● 주공 단 (周公旦, ? ~ ?)

주周나라 문왕文王의 아들이며 무왕武王의 동생으로 이름이 단旦이다. 아버지 문왕과 형님 무
왕을 도와 주나라를 건국함에 있어 왕실의 기초를 세우고 예악과 제도를 정비하여 주 왕실의
독특한 제도 문물을 창시했다. 중국 고대의 정치, 사상, 문화에 많은 영향을 남겼으며 훗날 공
자가 성현聖賢으로 일컬은 사람이다. 그의 저서 ≪주례周禮≫는 우리 역사, 문화에도 많은 영향
을 주었다.

● 주문왕 (周文王, ? ~ ?)

상商나라 말기 주족周族의 지도자로 성姓은 희姬, 이름은 창昌이다. 신사임당이 닮고 싶어했던
태임太任의 아들이자 주공 단의 아버지다. 낚시하던 강태공姜太公을 재상으로 모셔와 상나라
를 멸망시키고 주周나라를 세우는 기틀을 마련했다. 주나라 사람들이 그를 존경해서 주문왕周
文王으로 불렀다.

● 조조 (曹操, 155 ~ 220)

패沛나라의 초현譙縣, 안휘성 출신으로 어렸을 때 이름은 길리吉利다. 아버지 조숭曹嵩은 원래 하후씨夏候氏였지만 환관인 조등曹騰에게 양자로 들어가면서 성을 조曹씨로 바꾸었다. 서기 200년 관도전투官渡戰鬪에서 원소를 물리치고 하북河北을 평정했으며, 서기 208년에는 후한後漢의 승상이 되었다. 유명한 관상가인 허소許劭는 그를 두고 '치세治世의 능신能臣이요, 난세亂世의 간웅奸雄'이라 평정하기도 했다. 후한 시대에 문학, 사회, 경제 등에 걸쳐 많은 영향을 남긴 인물이다.

● 진시황 (秦始皇, 기원전 259 ~ 기원전 210)

성姓은 영嬴, 이름은 정政이다. 조趙나라의 상인 여불위呂不韋의 공작으로 즉위한 장양왕莊襄王의 아들로서 13세에 즉위했다. 이후 노애嫪毐의 반란을 평정하고 여불위를 제거한 후, 이사李斯를 등용해 강력한 부국강병책을 추진하여 기원전 221년에 천하통일의 위업을 달성했다. 통일 후 스스로 시황제始皇帝라 칭하고 강력한 중앙집권 정책을 추진하여 법령의 정비, 군현제 실시, 문자·도량형·화폐의 통일 및 전국적인 도로망 건설을 이루었다. 대외정책에도 적극성을 보여 북으로는 흉노족을 격파, 황하 이남의 땅을 수복하고 전국시대 각국의 장성을 대대적으로 개축하여 만리장성을 건설했다. 그러나 대규모 토목공사에 국력을 낭비했고, 분서갱유焚書坑儒를 비롯한 가혹한 처사로 백성들의 고통을 가중시켰다.

● 채제공 (蔡濟恭, 1720 ~ 1799)

자字는 백규伯規, 호號는 번암樊巖, 시호諡號는 문숙文肅이다. 퇴계 이황의 사상을 이어받은 정통 남인南人 출신으로 영조와 사도세자, 정조 3대를 모신 명신名臣이다. 모친 상중喪中에 사도세자의 폐세자를 반대하며 노론세력에 대항했던 인물로 개혁 군주 정조의 오른팔이었다. 시전 상인의 독점에 대항해 소상인의 권리를 확대하는 신해통공辛亥通共을 주도했으며, 정약용과 더불어 수원화성 축조에 큰 공을 세웠다. 그의 학문과 사상은 이가환李家煥, 정약용丁若鏞 등의 실학자들에게 많은 영향을 주었다.

● 한신 (韓信, ? ~ 기원전 196)

회음淮陰, 강소성 출생으로 진秦 말기에 처음에는 초楚나라 항우項羽를 섬겼으나 중용되지 않아 유방劉邦의 휘하로 옮겨갔다. 해하垓下 전투에서 항우를 물리치고 한漢제국 건설에 큰 역할을 했던 공을 인정받아 제왕齊王에 이어 초왕楚王이 되었다. 그러나 한제국의 권력이 확립되자 유씨劉氏 외의 다른 왕들과 함께 차차 밀려났다가 기원전 196년 진희陳豨의 난에 가담했다 하여 한고조의 부인 여태후呂太后에게 참살당했다. 불우했던 젊은 시절에 시비를 걸어오는 무뢰배의 가랑이 밑을 태연히 기어나갔다는 일화는 유명하다.

● 합려 (闔閭, ? ~ 기원전 496)
춘추시대 오吳나라의 24대 왕이며 부차의 아버지로 이름은 광光이다. 초楚나라의 신하였던 오자서를 재상으로 삼고, 《손자병법孫子兵法》의 저자인 손무孫武로 하여금 막강 군대를 조직하게 했다. 나아가 초나라를 위협하여 결국 수도를 공략하고 오나라의 세력을 중원까지 넓혔으나 월왕 구천과의 싸움에서 부상당해 죽었다.

● 항우 (項羽, 기원전 232 ~ 기원전 202)
우羽는 자字이고 이름은 적籍이다. 조부 항연項燕은 전국시대 말 초楚나라의 명장이었지만 진秦나라 장수 왕전王翦에게 패해 자결했다. 진 말기 진승·오광이 난을 일으키자 숙부인 항량項梁과 함께 봉기하여 세력을 떨쳤다. 기원전 206년 진을 멸하고 서초패왕西楚覇王에 올랐다. 5년에 걸쳐 유방과 전쟁을 벌이다 기원전 202년 12월 해하垓下에서 사면초가四面楚歌의 형세를 극복하지 못하고 자결했다.

● 허조 (許稠, 1369 ~ 1439)
자字는 중통仲通, 호號는 경암敬庵, 시호諡號는 문경文敬이다. 조선의 개국공신 권근權近의 제자로서 식년시 문과에 급제한 엘리트 출신이다. 예학禮學에는 독보적인 존재였으며 이조정랑吏曹正郎을 지낼 만큼 강직한 성격으로 재임시절 우여곡절도 많았다. 태종과 세종의 총애를 받으며 예조판서와 이조판서를 거쳐 좌의정까지 역임했다.

● 환공 (桓公, ? ~ 기원전 643)
제齊나라의 16번째 군주이며 춘추시대 초대 패자覇者다. 내란으로 형 양공襄公이 살해된 후 이복동생 규糾를 제거하고 즉위했다. 포숙아鮑叔牙의 진언으로 규의 신하였던 관중管仲을 재상으로 기용하여 군사력과 경제력을 강화하였다.

참고문헌

ㄱ

- 강신주 지음, ≪관중과 공자≫, 사계절, 2011
- 공자 지음, 김원중 옮김, ≪논어≫, 휴머니스트, 2017
- 규장각한국학연구원 엮음, ≪조선 국왕의 일생≫, 글항아리, 2009
- 규장각한국학연구원 엮음, ≪조선 여성의 일생≫, 글항아리, 2010
- 규장각한국학연구원 지음, ≪조선 양반의 일생≫, 글항아리, 2009
- 김영진 지음, ≪삼국지三國志 인간경영≫, 큰방, 2004
- 김용관 지음, ≪서울, 한양의 기억을 걷다≫, 인물과 사상사, 2012
- 김용옥 지음, ≪중용中庸, 인간의 맛≫, 통나무, 2011

ㄴ

- 나관중·모종강 엮음, 리동혁 옮김, 예승 그림, ≪본삼국지本三國志≫, 금토, 2014

ㄷ

- 동리자 엮음, 김인지 옮김, ≪내 인생의 지침, 논어≫, 파라북스, 2009
- 동팡원뤼 편저, 김효수 옮김, ≪제갈량 리더십≫, 랜덤하우스중앙, 2005

ㅁ

- 모리야 히로시 지음, 박연정 옮김, ≪성공하는 리더를 위한 중국고전 12편≫, 예문, 2002
- 모리야 히로시 지음, 박화 옮김, ≪중국 3천년의 인간력≫, 청년정신, 2004
- 무수추안 편저, 김호림 옮김, ≪지학止學: 멈춤의 지혜≫, 김영사, 2005
- 민경서 지음, ≪한비자 인간경영≫, 일송미디어, 2001
- 민승기 지음, ≪조선의 무기와 갑옷≫, 가람기획, 2004

ㅂ

- 박기현 지음, ≪조선의 킹메이커≫, 역사의 아침, 2008
- 박영규 지음, ≪교양으로 읽는 중국사≫, 웅진지식하우스, 2005
- 박영규 지음, ≪환관과 궁녀≫, 웅진지식하우스, 2009
- 박운규 지음, ≪재상宰相: 중국편≫, 이가서, 2005
- 박운규 지음, ≪재상宰相: 한국편≫, 이가서, 2005
- 박차지현 지음, ≪한 권으로 보는 한국미술사≫, 프리즘하우스, 2005

- 박찬철·공원국 지음, 《인물지人物志: 제왕들의 인사 교과서》, 위즈덤하우스, 2009
- 박흥순 지음, 《옛그림 인문학: 오늘, 우리를 위한 동양사상의 지혜》, 마로니에북스, 2018
- 배상열, 《왕자의 눈물》, 청아출판사, 2008
- 백기복 지음, 《대왕세종》, 크레듀, 2007

ㅅ

- 사마천 원저, 이인호 새로 씀, 《사기본기》, 사회평론, 2004
- 사마천 지음, 김진연, 김창 편역, 《사기 1~3》, 서해문집, 2002
- 사마천 지음, 연변대학 고적연구소 번역, 《사기열전》, 서해클래식, 2006
- 사마천 지음, 정범진 옮김, 《사기세가 (상), (하)》, 까치글방, 1994
- 세토 타츠야 지음, 임희선 옮김, 《삼국지 100년 전쟁》, 애니북스, 2003
- 셰가오더 지음, 류방승 옮김, 《수완手腕》, 아라크네, 2009
- 손철주 지음, 《그림 아는 만큼 보인다》, 생각의 나무, 2006
- 송은명 지음, 《위대한 2인자들: 절대권력을 조종하며 역사를 뒤바꾼 킹메이커들》, 시아, 2017
- 시바 료타로 지음, 박재희 옮김, 《소설 대망大望 : 도쿠가와 이에야스》, 동서문화사, 2005
- 신경진 지음, 《고찰명: 중국도시 이야기》, 문학동네, 2013
- 신동기 지음, 《희망, 인문학에게 묻다》, 엘도라도, 2009
- 쑨정쯔 지음, 배윤섭·전수정 옮김, 《천규天規》, 더난출판, 2006

ㅇ

- 오긍 지음, 김원중 옮김, 《정관정요》, 명역고전, 2016
- 오주석 지음, 《옛 그림 읽기의 즐거움》, 솔, 1999
- 오주석 지음, 《오주석의 한국의 미 특강》, 솔, 2014
- 오주석 지음, 《오주석이 사랑한 우리 그림》, 월간미술, 2009
- 유승환 지음, 《한권으로 읽는 조선왕비열전》, 글로북스, 2010
- 윤용철 편저, 《살기를 탐하고 죽기를 두려워하며》, 말글빛냄, 2008
- 윤철규 지음, 《시를 담은 그림, 그림이 된 시》, 마로니에북스, 2016
- 이규원 지음, 《조선왕릉실록》, 글로세움, 2012
- 이규원 지음, 《명당은 살아있다》, 글로세움, 2017
- 이길진 지음, 《도쿠가와 이에야스의 삶과 리더십》, 동아일보사, 2004

- 이덕일 지음, ≪사도세자가 꿈꾼 나라≫, 역사의 아침, 2011
- 이리에 요코 지음, 서은숙 옮김, ≪자금성 이야기≫, 돌베개, 2014
- 이민웅 지음, ≪임진왜란 해전사≫, 청어람미디어, 2004
- 이상주 지음, ≪종묘야사≫, 다음생각, 2012
- 이성무 지음, ≪단숨에 읽는 당쟁사 이야기≫, 아름다운날, 2014
- 이수광 지음 ≪조선을 뒤흔든 16인의 왕후들≫, 다산초당, 2008
- 이영춘 지음, ≪조선의 청백리≫, 가람기획, 2003
- 이우각 지음, ≪조선역사의 비밀≫, 한국학자료원, 2017
- 이한우 지음, ≪세종, 조선의 표준을 세우다≫, 해냄, 2006
- 이한우 지음, ≪태종, 조선의 길을 열다≫, 해냄, 2005

ㅈ
- 자오위핑 지음, 박찬철 옮김, ≪마음을 움직이는 승부사 제갈량≫, 위즈덤하우스, 2012
- 조선미 지음, ≪왕의 얼굴≫, 사회평론, 2012
- 조용진 지음, ≪동양화 읽는 법≫, 집문당, 2013
- 조윤제 지음, ≪천년의 내공≫, 청림출판, 2016
- 조재모 지음, ≪궁궐, 조선을 말하다≫, 아트북스, 2012

ㅊ
- 천수팡 편저, 조미나 옮김, ≪승자의 법칙≫, 프라임, 2006
- 최선경 지음, ≪왕을 낳은 후궁들≫, 김영사, 2007
- 최인호 지음, ≪유림儒林 1~6권≫, 열림원, 2005

ㅎ
- 허균 지음, ≪옛그림을 보는 법≫, 돌베개, 2013
- 홍혁기 지음, ≪지혜≫, 동방미디어, 2003
- 황인희 지음, 윤상구 사진, ≪궁궐, 그날의 역사≫, 기파랑, 2014